MADRUGADA DE FARPAS

ARTE E LETRA

PAULO VENTURELLI

CURITIBA/2015

CAPA E PROJETO GRÁFICO **FREDE TIZZOT**
EDITOR **THIAGO TIZZOT**

© 2014, Paulo Venturelli
© 2015, Editora Arte & Letra

V468m Venturelli, Paulo
Madrugada de farpas / Paulo Venturelli. – Arte & Letra, 2015.
156 p.

ISBN 978-85-60499-73-1

1. Literatura brasileira. 2. Romance. I. Título

CDD B869

ARTE & LETRA EDITORA
Alameda Presidente Taunay, 130b. Batel
Curitiba - PR - Brasil / CEP: 80420-180
Fone: (41) 3223-5302
www.arteeletra.com.br - contato@arteeletra.com.br

Para

Juraci José de Paula

— a plenitude não tinha

limites naquele tempo

Eles descem pela rampa da Universidade Federal, comentando as aulas:

— Que professorinha essa, hem...

— Fazer esquema de poesia e prosa em duas colunas no quadro! Nem no ensino médio tive professor tão ruim.

— A baixinha é terrível. Se não bastasse a burrice, a gente tem de aguentar aquela voz de quem mastigou pedras e quebrou todos os dentes.

Obadiah e Israel chegam na cantina. A turma da sala. Meninas mais salientes. Outras mais reservadas. Cercam os dois porque são atraentes e bem-humorados.

— Vocês vão na festa de Isabel no sábado?

— Ôrra! Em plena segunda e já pensando em festa.

— Ah, a gente tem que ir preparando o espírito, se não, como suportar essas aulinhas...

Israel olha para Obadiah e dá uma pequena piscada.

— Ué, não gostaram da aula?

— Que é isso, cara. *Isso* é aula de literatura numa universidade?

— Taí por que temos de pensar em festa.

Isabel se aproxima deles:

— Vocês vão, não vão?

— Ah, cara, até lá tem muito tempo para pensar.

Isabel meio rascante:

— Por que vocês estão sempre juntos e quando a gente convida para sair regateiam?

Silêncio. A cantina fervilha lá no fundo.

Isabel ataca:

— Sei, não. Acho que entre vocês dois existe alguma coisa...

Obadiah solta sua risada de urso satisfeito:

— Alguma coisa? Pode ter certeza. Existem muitas coisas.

Oba e Israel atravessam o pátio da reitoria. O guarda vestido de azul e empertigado. Passam pelo saguão do Dom Pedro II e rumam para a rua XV.

— Porra, essas meninas são pentelhas, né?

Obadiah levanta os ombros e encara Israel bem nos olhos:

— Ainda bem que não tenho nada a ver com essas galinhas.

Israel se aproxima mais do negro esguio, de carapinha baixa, peitos levemente salientes e dois brincos de argola nas orelhas:

— Você se arrisca a andar de mão dada comigo aqui na XV?

— Por mim... Quem se importa?

Israel estende a mão direita e Obadiah entrelaça seus dedos nela.

Do outro lado da rua, alguém grita:

— Aí, seus dois boiolas...

Israel ri:

— Foi você que disse que ninguém se importa?

— Ele que vá tomar no cu e aprenda a deixar os outros em paz.

Param na banca da Reitoria. Conversam com Vanderlei. Querem saber se a *Cult* e a *Bravo* deste mês já chegaram. Nada. Vai demorar um pouco.

Passando pelo Teatro Guaíra, Obadiah abraça Israel pela cintura. Este exulta e sente o calor do companheiro.
— Cara, vai ter show da Gal.
— Nem pense, nem pense! Você sabe quanto custa o ingresso? Prefiro comprar um monte de cedês. Duram por toda a vida. O show em duas horas acaba e baubau.
— Ah, cara. Nem vem. Um show tem muito mais clima. Agarra a gente pelo nervo. Todo o cenário. Tem o lance da performance da artista. Arrepia até o gargalo da alma.
— Eu sei, Israel. O problema é a grana. Eu não tenho. Se você pagar, eu encaro.
— Ah, belezinha! Nas minhas costas, né? E muita grana que eu tenho mesmo. Preciso ralar feito escravo com o pai só para garantir um tufo até o fim do mês.

Na Santos Andrade, eles resolvem atravessar a rua e ir ao Café Expresso. Boa ideia, Obadi! Estou morrendo de sede. E um cigarrinho depois...

Sentam-se em torno de pequena mesa redonda. Pedem dois expressos. Antes, duas águas com gás. Obadiah encara Israel. Vê seus cabelos louros cacheados, caindo displicentes em torno do crânio, os olhos azuis com algum pigmento indistinguível dentro deles. Deposita o rosto nas duas mãos apoiadas pelos cotovelos e contempla com agudeza o amigo. Este pergunta:

— O que foi? Por que está me encarando desse jeito?

Oba fecha os olhos por um instante.

— Não estou encarando. Estou contemplando. Fruindo. Obra de arte tem esta finalidade...

Israel faz um muxoxo:

— Obra de arte? Eu? Branquelo desse jeito. Estende aqui teu braço.

Obadi obedece.

Israel coloca seu braço ao lado daquele braço musculoso, ainda que magro:

— Olha só a diferença de cor! De textura. Eu pareço pão que não assou direito. Você, não. Você é completo. Tostadinho. Sapoti. Cor deste Brasil.

Oba corta:

— Ih, cara. Que coisa mais brega. Cor do Brasil? Que cor? Como se a tua também não fosse.

— Sou muito branco para o meu gosto. Tua negritude dá a sensação de gente completa. Acabada. Perfeita.

— Ah, tá. Eu, perfeito.

— Pra mim, sim. Mais que perfeito.

A água e o café chegam.

Eles experimentam a temperatura do café e se voltam para a água. Bebem em pequenos goles até o meio da garrafa. Depois retornam ao café.

— Gostou?

— Está massa! Delícia pura.

Os joelhos de Israel se enroscam nos de Obadiah. Ele sente a temperatura do corpo do companheiro.

— Está quentinho, né?

Rindo Oba pergunta:

— O quê? O café ou os teus joelhos?

Israel fixa os olhos em Obadi:

— Se você não fosse meu, eu te comprava. Já pensou no tempo da escravidão: eu, o filho veado do fazendeiro, protegendo este neguinho lindo para não apanhar?

Terminam a água. Depois o café.

A mochila vem até a mesa, puxada por Obadiah. Ele abre. Pega um livro velho e entrega ao companheiro:

— Olha, só. Comprei para você. Ontem, num sebo.

Ao estender as mãos para pegar o livro, Israel fica olhando Oba direto em seus olhos:

— Porra, meu. Você já tem pouco dinheiro e ainda fica gastando comigo?

— É assim que você agradece?

O louro cacheado abre bem os olhos e vê uma edição antiga de *Viagem*, de Cecília Meireles.

— Puta que o pariu! Que maravilha. Ainda bem que você me conhece bem para saber do que eu gosto. Pagou muito caro?

Abre na folha de rosto. Quase grita:

— É primeira edição!!!!!

— É? Não paguei caro, não. Estava numa pilha toda bagunçada de livros de poesia que para o sebeiro não tinha nenhum valor. Fui com paciência catando um a um até que encontrei este. Não duvidei um segundo.

— Obrigadão, meu anjo. Só me preocupa que depois a grana vai fazer falta para você.

— Que nada. Se falta, meu Polaquinho me socorre, eu sei.

Pagam. Saem à rua. O sol sobre os pinheiros da Santos Andrade. As colunas da universidade alaranjadas pela intensidade da luz. Um acende o cigarro do outro. E vão caminhando. Palavras. Calor. Pombos. Baforadas. Israel anda de tal maneira que sua mochila sempre bate na de Obadiah. Dentro da sombra intermitente, o negro vai mudando de tom de pele. Lustrosa. Brilhante. Mais apagada. Com as batidas das mochilas, Israel fala:

— É só para a gente não perder contato.

O negro ri. Os dentes hialinos dentro da sombra da árvore.

— Sei muito bem o que você está querendo, seu vagabundinho.

O Correio antigo à esquerda. Chegam ao ponto em que a XV é só para pedestres.

Oba fala meio irritado:

— O que toda essa gente faz na rua num final de manhã?

— Êêê, tongo. O mesmo que nós. Estão indo para algum lugar ou vindo de outro.

— Falou o conhecedor das multidões.

Apagam as bitucas sob os pés. Depois as atiram nas lixeiras.

Já na Muricy, Oba diz:

— Vou pegar o rumo da minha kite. Você vai direto para casa?

— Pegar o busão e ajudar o pai na cantina. Se o velho não faturar bem você já conhece o bom humor.

Enquanto o ônibus corre em direção a Santa Felicidade, Israel pensa em Oba. Como se conheceram. Claro, numa festa. As primeiras conversas difíceis. O tateio em terreno pantanoso. Será que é do time? Será que não é? Difícil! O coração acelerado, os olhos tomados por aquela criatura esbelta e luzidia, magrão, mas de músculos bem desenhados no peito e nos braços. A camiseta branca, justa, revelando o que dava vontade de experimentar com a língua. Vontade de apertar. Morder. Sugar. Como ir se aproximando? A jogada de sempre: Vamos beber alguma coisa? Oba dançando lento, encostado na parede e mostrou o copo na mão esquerda. Vixi! Fui mal. E agora. Ainda bem que o neguinho foi simpático:

— Já está no fim. Preciso de outra dose.

Foram os dois até o bar. Gim-tônica. Uísque com energizante. Brindaram.

Israel:

— Você não é de Curitiba, é?

— Até que não. Vim de Pernambuco faz um ano. E você?

— Sou daqui. Vê só como sou branco. Gente de terra fria.

— Você fuma?

— Fumo.

— Vamos dar uma tragada lá fora?

No curral da calçada, assim que Israel tomou o cigarro, Oba já o acendeu. Prazer. Prazer. Deram-se as mãos. Meu nome é Israel. Meu nome é Obadiah. Israel não soube se entendeu direito. O outro continuou. Meus antigos foram escravos. Deve ser nome daqueles tempos. Bebem devagar. Levantam o rosto para expelir a fumaça. Lá de dentro vem música escaldante. Os carros na rua. O céu nublado, meio amarelo com as luzes da cidade. E agora? Qual o próximo passo? Simples.

— Você estuda?

— Quero tentar letras na Federal.

— Não brinca, cara. Eu também.

Lá veio o vestibular. A lista dos aprovados nos grandes vidros do teatro da reitoria. Israel passou. Procurou o nome do amigo. Batata. Tinha sido aprovado também. Deu um tempo por aí, para ver se o encontrava. Não demorou muito, lá vinha o pernambucano, estufando a camiseta. Aperto de mão. Israel se antecipa na notícia, antes que Oba tenha tempo de ver a lista. Oba agarra Israel pela cintura e o eleva no ar, dando voltas. Então vamos festejar. Atravessaram a rua XV e foram para um dos barzinhos em frente à universidade. A conversa correu solta. Como velhos amigos. Obadiah recebia ajuda de uma tia até arrumar um emprego. Israel trabalhava na pizzaria do pai. Convidou o amigo para almoçar lá. Uma forma de comemoração. Seus pais não deram muita importância à aprovação. Letras? E *isto* é curso para homem? Dá algum futuro? Dá dinheiro? Israel fez a apresentação do novo amigo. Letras também? Credo em cruz! O Polaquinho pediu dispensa do trabalho como presente e disse que Oba iria almoçar ali com eles. Sem problema, mas não vá se acostumando a trazer gente da turma pra cá. Não quero ninguém filando boia aqui. Ainda mais negro. Ih, pai, você ainda é desse tempo? É bom a gente manter os olhos abertos. Nunca se sabe. Se for assim, vou almoçar com ele noutra cantina. Para com isso, filho. Só estou avisando para o teu bem. Fique de olho aberto com este tipo de gente. Claro que pode almoçar aqui com ele, já que é teu amigo. Só não quero que você dê rédeas pra teu coração mole. Almoçaram. Obadiah era fanático por gnocchi quatro queijos. Para Israel, bastava um risoto de frango. O pai abriu uma garrafa de vinho tinto para comemorar a vitória aguada dos dois. Depois do almoço, foram fumar no quintal atrás de casa. Nino, um poodle marrom, aproveitou e veio aos saltos. Obadiah se abaixou, espantado com a cor do bicho. Ainda bem que tenho um companheiro de cor por aqui. Fez festas no cãozito que a todo custo queria morder suas mãos. Andaram sob as árvores. Sentaram-se num banco torto. Israel ironizou: cuidado, é *obra* minha. Não sou muito bom com coisas práticas. Se desmoronar, não me responsabilizo. Oba gargalhou, o som gordo de quem está satisfeito com a vida. Conversa vai, conversa vem, chegaram à música. Empate técnico. Ambos gostavam de MPB e jazz. Que o rock ficasse muito longe! Israel o convidou para ver sua coleção de discos. Subiram a longa escada dos fundos da casa. Nino atrás fazendo um oito em cambalhotas. No quarto, Israel tinha toda uma parede forrada de cedês em estante larga. As outras duas, só livros. Na quarta parede se encostava a cama. Oba deu uma olhada meio rápida e disse que precisava ir logo. Arranjara um trabalho em supermercado das duas às vinte e duas horas. Controle de pessoal. Por isto, não podia chegar tarde. Foram até a frente da cantina. Mais um cigarro, enquanto o ônibus não vinha. E assim a amizade começou e continuou. Quando Israel voltou para as mesas e começou a recolher os pratos, lembrouse de que pedira folga ao pai. Mas continuou a trabalhar para não desagradar ao velho. Israel sentia um aperto no peito. Muito de angústia e sobressalto. Um gelo no cerebelo a descer pela coluna. Uma sensação de solo movediço sob os pés. E agora? Obadiah enchia suas veias de uma energia maluca. Agora é continuar até a hora do bote.

Se deu, deu. Se não deu, eu que me ferre. Só sei que estou mexido. Alguma coisa dentro de mim se desestruturou ou se estruturou de uma forma desconhecida. Só sei que não sou mais o mesmo. As pancadas no peito doem na garganta. Trabalhou meio distraído até as dezesseis horas. Desamparo. Desconsolo. Sabia estar entrando numa floresta na qual nunca havia entrado e não tinha a mínima noção de como se comportar nesta geografia totalmente nova.

Desce do ônibus. Joga a mochila sobre a cama. Nino vem feito antílope e se tira sobre o travesseiro.

— Calma, Nino. Deste jeito você se arrebenta todo ou arrebenta o que tenho aqui no quarto.

O cão salta até a cintura de Israel. Exige carinho. O rapaz não pode fugir. Se abaixa e afaga o cachorro, passando a mão repetidas vezes ao longo da coluna dele.

Na cozinha, belisca alguma coisa e vai trabalhar. A cantina está com um movimento médio. Israel volta até os fundos. Coloca o avental vermelho com um pequeno bolso preto. Avental rubro-negro. Homenagem ao Atlético.

Faz os pedidos. Recolhe pratos. Faz a conta. Recolhe restos. A rotina de sempre até as dezesseis horas. Depois está liberado para os estudos, ler, escrever, ouvir música. Pensa em ligar para Obadiah, mas teme atrapalhá-lo no serviço. Não sabia bem o que era esse negócio de "controle de pessoal". Talvez ficar vigiando atrás de uma câmera para controlar o comportamento dos empregados. Bahhhh. Coisa fácil não devia ser.

Sentou-se. Olhou a bagunça em sua escrivaninha. Ler o que a professora pediu ou continuar com *Filhos de hippies*, um livro que o vinha entusiasmando. O primeiro capítulo era uma obra-prima. Aquelas crianças soltas, sem repressão de espécie alguma, em contato com a natureza, tomando banho com o pai ou a mãe sem nenhuma frescura. O corpo não era escondido. Era vivido, revelado, existente dentro de cada circunstância. Crianças assim só podiam crescer saudáveis, teriam condições de ser o que eram, sem precisar esconder nada, sem precisar se enovelar em angústia como acontece com ele agora. O relacionamento com Oba ia bem, mesmo assim, sentia-se pisando em ovos. Hoje, andaram de mãos dadas por um trecho da XV. Só que não era o suficiente. Ele se sentia abafado, em busca de espaço. Acreditava que tinham o direito de namorar como qualquer outro casal. Por que tantas restrições? Por que não podiam ficar abraçados e se beijar num cinema, por exemplo? Acha o mundo seco como um deserto de isopor. Sabia que as religiões estavam por trás de tanto machismo, forçando-os a condutas esquivas, a se esconder em guetos, sem a possibilidade de viver o afeto de peito aberto. Quando iria chegar aos pais e contar quem realmente era ele, qual a verdade da relação com Oba. Com certeza, se ele colocasse as cartas sobre a mesa, o céu viria abaixo. Em especial seu pai, um italiano grosso que jamais aceitaria que um filho seu namorasse outro rapaz. A meada tinha fios que se espalhavam para todo lado e nenhum se fechava, nenhum constituía a malha sólida que ele pudesse seguir para ser quem era e quem era *com* Oba. Não entende por que algo tão suave e brando não tem autonomia para viver às claras. O que havia entre ambos era uma revivência fortalecida no dia a dia, como se um introjetasse seiva nova no outro. E isto o abastecia de asas. Preciso de espaço. Preciso voar inteiro em mim mesmo e com Obadi. Não há razão nenhuma para eu me esconder no grotão existencial e disfarçar que entre nós só há amizade. Amor. Amor. Todo mundo vive falando disto, cantando sobre isto, enfatizando que é o que salvaria o mundo. Mas o amor só entre homem e mulher? Entre dois rapazes não conta? Qual a razão? Uma questão de estatística, só pode ser este o motivo. A maioria está do outro lado. Nós, do lado de cá, somos muitos, desconfio, mas não nos perfilamos em número aos do lado de lá. E depois, a paixão deles, do lado de lá, é tão comum, tão sistêmica, tão previsível, até com as cerimônias de praxe, não podem atingir a profundidade da minha. A minha vai até o último degrau da alma e lá se enrosca com o sentir mais palpitante. Os do outro lado sentem desta forma? Se eu olhar para o exemplo que minha mãe e meu pai me dão..., buf, é a coisa mais rotineira do mundo. Mas é bobagem isto de lados. Não tem lados na vida. É tudo uma superfície esburacada e cada um que se aninhe no seu buraco e cuide dele e ali trate de viver sua vida. E que os buracos sejam iguais para todos. Nenhuma diferença é respeitada. Nem outro modo de ser pode vir à tona. Qual é o medo que as pessoas têm de gente como nós. Por que incomodamos tanto e em troca somos reprimidos, acuados, anulados, ridicularizados?

Achou melhor tomar o livro de Maxime Swann e afastar os tormentos. A leitura ajudava a espairecer, afastava os monstros, o deixava mais em paz consigo mesmo, sanava um pouco as feridas, apagava as chamas da narina dos demônios.

Nino se aninhou aos seus pés. Foi lendo até os olhos pesarem. Então deitou-se na cama e tirou uma soneca e sonhou. Sonhou com uma brandura verdejante que envolvia seu corpo e se nutria de Obadi e trazia para o mundo algo de vitorioso e calmo e apaziguador. Quando acordou não se lembrava de nada. Apenas a sensação de nuvem leve dentro de si.

Terça-feira. Um sol comedor sobre Curitiba. É demais. As árvores de Santa Felicidade pareciam suar e pedir clemência.

Sentado mais ou menos na metade da sala, ao lado de Oba, Israel presta atenção no que a professora de literatura está dizendo:

— Segundo Medina Rodrigues, há um velho termo de crítica literária para designar a poesia de declamação ampla e forte, aquela que visa ao arrebatamento dos ouvintes, como um todo: é o *epos*. — Ela escreve a palavra no quadro, levantando os olhos da ficha que lê. — Daí vem épico, epopeia. Portanto, Homero, Virgílio, Camões, Tasso ou Milton foram poetas épicos também porque sua direção, perdão, li errado... É, deixa eu retomar minha anotação. Está aqui. Então continuando. Esses poetas têm uma dicção que se abre como um discurso de convocação geral, como uma fala potente e enérgica, consoante com os feitos heróicos que ela narra. Consoante aqui, é, quer dizer, segundo, conforme. Vocês entenderam?

O autor citado acendeu uma luz vermelha nas subcamadas da mente de Israel. Medina... Medina... Eu conheço este cara, já li alguma coisa dele... Espera lá, quando eu fazia o ensino médio no Medianeira, o professor indicou um livro dele para pesquisa. É claro. Fui na biblioteca, encontrei o livro e fiz o trabalho pedido pelo professor. Quer dizer que esta bruaca usa livro de ensino médio para dar aula *aqui*, na universidade? É o fim da picada. Vai ser banal e incompetente assim nos infernos. Que enganadora!!!

Outra vez na rampa, Israel não perdeu tempo:

— Oba, você não imagina o que descobri hoje. A professorinha impostada baseia suas aulas num livro de ensino médio.

— Como assim?

— Verdade, cara. O tal de Medina que ela citou hoje. Eu

consultei este autor quando estudava no Medianeira. Vê se pode um baixo nível deste. E na Federal!!!

Obadiah riu.

— Depois fazem greves quilométricas para pedir aumento. Mas você tem certeza? A gente podia reclamar no departamento...

— Absoluta. Quero perder minha mesada se eu não estiver certo. E reclamar no departamento? Para quê? Você não sabe, por acaso, que este ninho de víboras se protege?

Ao entrar na cantina de novo foram atacados pelas meninas. Isabel não escondia uma quedinha por Israel.

— E aí? Quando vou poder enterrar meus dedos nestes caracóis? "Debaixo dos caracóis dos seus cabelos..."

— Sei lá, gata. Coisa assim não se planeja. Acontece. E nem sempre depende da vontade das criaturas.

— Mas como vai acontecer se você e o Oba nunca se desgrudam.

— É que somos amigos...

— Mas precisa de tanta fidelidade?

— Não é questão de fidelidade. Mas de afinidade. Me mostra aqui quem é ligado em MPB, jazz, literatura. Você mesma só vive embalada em rock neste teu celular.

— MPB e jazz! Ui!! Isso é coisa para velho, para gente cansada...

— Está vendo só? Depois você quer dar um malho nos meus caracóis. Ao som de rock. Garanto que vou ficar com a cabeleira eriçada como quem viu lobisomem.

— Eriçada?

— Deixa para lá. Arrepiada também serve.

A turma toda achava que tanto Obadi como Israel eram intelectuais em excesso. Qualquer livro ou autor citado por algum professor, e eles já tinham lido ou conheciam de algum lugar. Será que eram gênios ou metidos a besta? Ninguém via sentido em um jovem se dedicar tanto aos livros, enquanto a vida passava. Qual é o nosso futuro? Vamos ser professores. Aí a gente pega um livro didático, adota, vê o que tem lá e passa para a turma. Se a educação no Brasil é uma merda, não sou eu que vou mudar. Como lutar contra um sistema que já está falido mesmo? E então por que encher a cabeça de conhecimento? Os alunos nem precisam de tanto, nunca vão alcançar o nível de um professor muito culto. Muita cultura até atrapalha. Para dar as aulinhas que todos dão, basta o elementar. Ficar queimando as pestanas em cima de pilhas de livros não tem o menor sentido, não se tem onde usar tal parafernália. As próprias aulas que temos aqui são uma prova disso. Puro lixo. Nada muito diferente do ensino médio. A gente só aguenta porque precisa do maldito diploma. Depois, com este na mão, um colegiozinho qualquer pega a gente, dá um monte de aulas e cada um se vire como pode. Não é necessário fazer como Obadi e Israel fazem. Eles são uns iludidos. Pensam que vão salvar a pátria. Estão enchendo a cabeça com uma montoeira de escritores e obras e vão acabar pirando no pedaço. Nenhuma escola precisa de professor tipo assim. Os alunos querem aulas fáceis, provas fáceis e passar de ano. A família e a coordenação, a mesma coisa. Para que então tanto esforço. Não irão ganhar mais sendo assim. Se ainda rendesse um bom dinheiro saber bastante de literatura, faria sentido acumular uma montanha de dados na cabeça. Não rende. As escolas nem fazem teste seletivo. É só entregar o currículo e uma entrevista. Aí a gente entra, pega o livro didático e manda bala. Somos formados para agir assim. Não para transformar a educação. É só dar uma olhada nas disciplinas de pedagogia. Tudo baboseira. Nada é aplicável na prática. Portanto, o importante é viver aqui e agora. Muita festa, bebida e sexo. Os nossos futuros alunos não vão querer outra coisa. Talvez sim: droga. Rap, funk, sertanejo, maconha, crack, fodilhança o tempo todo, e aí está a fronteira da vida. Estes dois sabem tudo, mas vivem muito pouco. Tempo de leitura é tempo morto. Quando vão numa festa, lá estão os dois juntos e só no papo cabeça. Enjoa. Não dá para suportar. O importante aqui é se formar logo e se mandar. Livro demais funde a cuca. Os professores insistem: todo autor é um desesperado, escreve por que não se adapta ao mundo. Eu, hem? Quero mais saber da vida que me cabe. Beber muito, dançar muito, trepar muito. Viver no nível da pele, dos sentidos. Depois ficamos velhos e tudo cai e aí se vai fazer o quê. Só se arrepender do que deixou de viver. Assim sendo, a vida pede ação e ação está na pista de dança, na cama do motel. Acho que aqueles dois nem nunca treparam na vida. Só livro, só livro. Ir a uma festa e acabar falando de livro e mais livro é dose, ou não é?

Sentados nos degraus da escadaria do pátio, Oba e Israel trocam impressões sobre as últimas leituras:

— O livro da Swann está um barato. Que visão! Que discurso!

— Pois o da Egan vem me enchendo um pouco. De cara ela antecipa o futuro do personagem. Você se acostuma com um, vai acompanhando sua vida e encucações, vem um novo capítulo e lá entram mais personagens novos. Até você sacar quem é e ligar com os de antes, leva um tempão. Nem parece romance. Tem mais cara de contos.

— Eu também tive essa impressão. Depois com todo aquele rock entupindo as páginas..., aquela pirralha fissurada em medir os segundos de pausa em cada música, que saco, meu.

— Em compensação, comecei outro que está me levando para as alturas: *Sonhos de trem*. Já tinha lido outro do autor e só dava vagabundo e marginal. Neste é um povo rústico, tosco mesmo que trabalha na floresta abrindo caminhos para o trem.

— Depois você me empresta.

Passaram no Sebo dos Andarilhos. Promoção: três livros por 5,00. Os dois estontearam-se. Havia muita obra boa, nova, recente, além de clássicos em edições muito bem cuidadas. Juntaram os trocados e cada um saiu com seis livros, prelibando o momento de manuseá-los, vendo o design da capa, imaginando o mundo em que entrariam.

Seguiam a trilha de sempre. Rua XV, Teatro Guaíra, Universidade na Santos Andrade. Ao lado desta, Israel arriscou:

— Já que não tivemos a última aula, vamos dar uma paradinha num hotel da Saldanha?

— Puxa, cara. Estou muito a fim, de verdade. Mas tenho que esticar a nota até o fim do mês...

Israel interrompeu a conversa para não ouvir lamúria:

— Para, para, para. Você esqueceu que tenho cartão. Meu

pai me permite gastar até mil por mês. E você sabe que lá é barato: só 40,00. E tem a velha filosofia, quem convida paga.

— Se não te pesa, então vamos lá.

No balcão do hotel, enquanto Israel passava o cartão, Obadi pegou um cafezinho. O mesmo velho grisalho de sempre os atendia. Eram conhecidos. Ele queria saber como ia a vida, se a faculdade estava difícil. Trocaram alguns murmurejos, subiram os poucos degraus e entraram no elevador. Assim que a porta se fechou, Oba esmagou Israel contra seu corpo. O beijo era tão ansioso que o negro parecia estar beirando a morte. Israel ficou meio embriagado e correspondeu. Terceiro andar. Ao saírem para o corredor, uma camareira com pilha de lençóis nos braços. Os dois se armaram de frieza e foram em busca do 365.

Ali dentro, o mundo era deles. Nenhum perigo os espreitava. Com segurança absoluta, podiam nadar nas próprias ondas, inventar o próprio barco e chegar a qualquer ancoradouro que lhes aprouvesse. As mochilas no chão, as roupas jogadas aqui e ali, se sentiam fortes. A corrente elétrica entre eles era garantia de que aquilo nunca teria fim. Escolheram a Educativa. Edu Lobo numa cantilena suave. E suaves e brandos eles eram, às vezes rudes, às vezes atropelados, como se a hora da partida houvesse chegado. Nunca partiriam. O *modus vivendi* era ficar ali, abocanhar o outro, trucidar o corpo do outro, arrancar pedaços. Fervura, embriaguez. Contato de primeiro grau de pele com a pele, o mundo muito afastado. Israel esprême sua boca contra os lábios grossos de Obadi e apanha seu sexo com garras potentes. O mesmo vinha de Oba. Boca contra boca buscando língua. Nunca partiriam, nem se desapegariam um do outro. Muitos fatores os uniam, os traziam ali, em especial aquele que é o fundamento do voo. Ali o universo era distante. Um longínquo troar do trânsito. As cortinas filtravam uma luz que deixava o quarto cor de laranja. Suavam, havia pelos em certos lugares duvidosos. E a certeza de que deveria ser mesmo assim. Só ali, ali e na Terra inteira. Afinal, prestar contas a quem? Que se danasse a família. Que o pai se enterrasse num tonel de massa. Que os colegas da faculdade chafurdassem na escrotidão da mesmice. Eles se reinventavam a cada vez. Corpo-planície-reentrância-saliência. Ali era bom e eles se tratavam com amabilidade. Eles tinham afeto para dar e receber. As encenações do teatro lá fora ficam barradas na porta do elevador. Eles se tinham. Sem mentira. Uma certa aura de simplicidade entre eles era tudo. O despojamento. Num vislumbre, Israel lembrou-se de uns poemas de Hilda Hilst. Oba teve um toque de Whitman. Afastaram tudo isto da cabeça. O ali era aqui. Aqui estavam eles, de carne e osso. O sexo. O suor. A conjugação. Nada mutilado. Sem censura. Era verde, é verde estar aqui. Então estamos, pronto. Algum devaneio só iria tirá-los do eixo. O eixo entre eles. Neste momento. Neste quarto. A clausura do 365. Por que alguém ainda se incomoda com mistérios? Tudo se revela de pronto. Basta o gesto. Basta o ser. Basta se encontrar ali-aqui. O corpo revelado desvenda tudo e extermina com as sombras do mistério. Corpo no corpo é língua compreensível. Espalhar-se na inundação. Mergulhar até a última medula na cerimônia simples de se bastar com o outro e fazer o outro bastar-se com o outro. O compromisso é suave. Porque estar aqui é suave, prende a respiração, respira afogueado, solta o touro. O touro esperneia sobre a cama. Amassa os lençóis. A catadupa vem. De ambos os lados e lassos eles se desmilinguem na cama tão vasta e a respiração é áspera, fora de compasso. O braço de Israel sob o pescoço de Oba e seus dedos correndo pelo peito encharcado. Oba se ergue um pouco e aperta o pescoço de Israel e diz as palavras boas.

A escrivaninha, aquela confusão de sempre. Livros, papéis, cedês, estatuetas de cerâmica, lápis, canetas, folhas com anotações e tudo quanto é tipo de fichas de livros ou de ideias para desenvolver. As superfícies lisas desapareceram sob o ninho. Sobre a almofada da cadeira, Nino dorme enrodilhado. Israel ouve "Beyond", de Joshua Redman. O sax me estraçalha da catedral até o puteiro. Não, não sou neurótico. Sou apenas ansioso, inseguro, crio mistificações da realidade que logo tomam conta de mim como se fossem fatos palpáveis. Minha imaginação inflamada amplifica os mínimos detalhes. Tenho pensamentos maníacos, concordo, mas as suspeitas têm ingredientes incomuns. Acabo muito voltado para mim mesmo. Aí já viu. Bolo de neve. De excremento. Inundam minha cabeça. Tolhem meu raciocínio. E as decisões que tomo se tornam evanescentes, sem consistência própria. Como chegar até ele e dizer: "Oba, estou a fim de você." Como? E se a amizade acaba neste justo momento e eu perder minha base do cotidiano? De que ângulo abordar a questão, eu não sei. Ou é um problema, alguma coisa fora de todos os parâmetros? Seria um absurdo longe de esquemas de vida? A velha história: o que ele vai pensar de mim. Podia ter a certeza de receber um *sim* ou um *não*. É simples assim. É? E se Obadá ficar enojado de mim? E ainda tem a família, este centro nuclear de neuroses. Pai e mãe. O que dirão?

Pior: o que pensarão? Dá para encarar esta? A barra pesa muito. Um hipopótamo sobre o peito. Nada de respirar, de ver, de curtir. Quem fez o mundo complicar-se, afinal. Eu sei. Toda gente sabe. Nem adianta perder tempo com tais histórias. Mas sem Oba não dá, não tem jeito. Estou amarrado nele. Ele pode acabar com meu desconforto. Só ele tem cara de liberdade para mim. Ao me levantar de manhã, a primeira figura significativa que pinta na minha cabeça é ele. Vou para a faculdade embrulhado nele. Ao vê-lo, aí sim. Dispenso as aulas. Quero Oba. Eu o vejo e todos os ferrolhos amolecem. Viro por dentro. Procuro qualquer pretexto para tocá-lo. Ele usa Malbec e este perfume agreste me lembra montanha, cabana, riacho entre pedras. Corrida pela grama. Grama mastigada. Como sou brega. Tenho vontade de cantar as músicas vulgares que empesteiam o ar por aí. Gosto de ficar perto dele. É simples. Pronto. Para que elucubrações que não levam a nada? E esta compressão na garganta. Abafamento. Suor pingando reto das axilas. Durante as aulas de linguística espaireço. Nosso professor fala sobre Bakhtin. Nunca tinha ouvido falar deste nome. Mas o cara manja. Coloca minhas intuições em formas verbais claras. A literatura ganhou outra dimensão. Eu me pensar virou outra função. Pensar foi transformado num ato mais inteligível. A formatação social da mente. A importância do outro, do olhar do outro para a minha própria identidade. Nada de inato. Tudo fruto do social e suas entranhas que se interligam com minhas entranhas. Minha mente – uma tessitura de vozes e discursos. Então não fui eu, só eu, que me fiz assim. Simples. Minha história trançada de outras histórias é a constituição do que sou agora. Simples. É só chegar para Obadi e abrir o jogo. Escancarar as fronteiras. Não tem erro. Ele diz topo, ou, ele diz não topo. Cadê coragem bem na hora H? Enquanto estou com ele, até que não é difícil. Mas aqui estudando, lendo, trabalhando fico amarfanhado, minha mente, uma bola de lã a me sugar o ar ao redor. Se fosse com uma menina? Passaria pelos mesmos trilhos? Acho que não. Aí a coisa é mais direta: um não ou um sim. Com Oba não é só esta questão. Preciso antes saber o que ele é, em que diapasão toca sua música, que chão ele vem pisando nesses 20 anos de idade e vida. Não é só saber se ele topa ou não topa. Muitos fatores vêm antes. Se espera que um rapaz goste de uma garota. Ele chega e dá o seu recado. Nada fora do esquadro. Ou tudo começa por aí, ou o sujeito dança. O mundo não vem abaixo. Entre dois rapazes é, digamos, um pouquinho além de chegar e falar: olha... A sua configuração, só para dar um exemplo. Aquilo de dizer se ele é do time, tá sabendo... E nada tem a ver com ser desmunhecado, maricas, mulherzinha. Adoro Renato Russo por esta razão. Disse com todas as letras quem é e nunca virou a mão. Nem eu. E não perdeu um grama de sucesso pela declaração. Gostar de um cara não significa que você é florzinha delicada por aí. Que é fru-fru. Sou viril de qualquer ângulo que me olhem. Sempre teve garotas a fim de mim. Não é um bom sinal? Se fosse molenga elas me rejeitariam. Me querem. Então sou/tenho algo que interessa a elas. Do mesmo jeito Oba. É um neguinho lindo. Aquele cabelo bem curtinho, cada lábio valendo por dois. Os olhos amendoados tinindo o núcleo preto dentro do oceano de branquidão. É homem. Pode ser retratado em todas as posições. É homem. Eu sou homem nos meus 20 anos também. E aí está o enguiço. Como chegar no nego, abrir o bico e dizer: está a fim de ficar comigo? Ele vai esbugalhar aqueles olhos africanos lá dele e para ele serei um bicha sem remédio. Boloia. Engole quibe. Fresco e todas as ternuras que existem para rotular alguém como eu. Mas será que, na fineza dele, Oba é capaz de escrotidão? O bicho é culto, refinado, burila a mente desde que a tia o ensinou a ler e o colocou no caminho dos livros e do conhecimento. É de alta extração. Se fosse um vileiro (nada contra eles, até porque muitas vezes encontro alguns que são um pedaço de luxúria viva), mocorongo, tapado, sonso até podia vir um vômito azedo de sua parte. Porém, a leveza que tem para levar a vida, o fino trato com todos, a ginga suave de ser, vai ele cometer uma grossura? Seu arsenal não oferece animalidade no trato com os outros. Ele é gente das melhores, o melhor, o supermelhor que conheci. E me dou tão bem com ele. Sei lá se nota, todavia, ao seu lado eu me torno completo. Aí a vida vira vida para valer. Não só um teatrinho de marionetes. Aqui em casa, por mais que goste de meus pais, não me sinto na minha. Falta um pedaço. Ou um pedaço está fora de lugar. Vou levando o rojão até onde posso. E tenho certeza. Vai chegar a hora em que terei de abrir o peito. Me recuso a viver confinado dentro de mim mesmo. Quero espaço. Quero andar como eu sou e com quem eu sou. Tenho 20 anos. Está na hora ou não está. Já vi programas sobre comportamento na TV em que moleques de 12 anos se assumem perante os pais. No começo é aquela rebordosa. Depois tudo se acalma. Volta ao normal. De certo vai ser assim. Me arrepio. Uma explosão gelada no meu cérebro a descer pela espinha. Joshua Redman está em "Suspended Emanations". O medo tem cara de quê? De exílio. De ser defenestrado do mundo. Eu sei de mim alguma coisa, pelo menos tenho certeza do que sou, de quem amo. E se

Oba ficar sabendo disto direto de mim? Vai me expulsar do paraíso, eu com uma tanga de folha de parreira? Não há como não ser kitsch ao pensar nestes tumultos duvidosos. A roda roda e não me leva. A coisa vai e fico aqui. Estou emperrado. Sem ele, não dá. Simples. Com ele sou azeitado, as ruelas funcionam, a máquina do mundo começa a andar, a funcionar, a produzir. Por que então insisto em ficar com a cara contra a parede? Ah, se eu vivesse na Grécia. Naqueles tempos, ah, ah. Vivo em Curitiba, e a cidade com muito de bom, com muito de ruim. Como todas. Para a minha questão, mais para o ruim. Acho que em São Paulo e no Rio haveria mais abertura, mais tolerância (é esta a palavra?). Olho Nino. Ali enroladinho sobre o travesseiro, ressonando calmo, tão perto de mim e sem saber a mínima do que acontece comigo. Acho melhor pegar um livro e ler. Boa forma de não ser tragado. Tem um montão me esperando. Já terminei o da Swann. Um fim meio, digamos, esperado, sem o atiçamento lírico do primeiro capítulo. Olho minha estante. A biografia de White sobre Proust. Creio que tenho muito a aprender com ele. Se bem que ainda não encarei Proust. *A amante de Brecht*. A capa não é convidativa. Acho que vai me levar para um mundo muito longe do meu, sem me dar nenhuma chave de saída. Que tal mergulhar no *Dublinesca*, do Vila-Matas. Será tão cerebral como o outro que li dele? Esqueci o título. Quero uma obra que me dê esquemas mentais para me localizar e iluminar meu próximo passo, que tenha uma base humana para eu encontrar elementos e montar o quebra-cabeça. *Peças em fuga*. Anne Michaels. Tem uma carinha boa. Dou uma olhada lá por dentro. Parece apropriado. Algum autor do mundo pode saber quem sou e me entregar o mapa para enfim eu sair desta embrulhada floresta de sombras? E se eu pedir para mãe/pai uma consulta com um psicólogo, um psicanalista, um psiquiatra, será que eles topam sem pensar que eu sou doido ou estou ficando?

Sábado. Dia da festa de Isabel. Antes os dois passaram pelo hotel da Saldanha. E os corpos se amaram. Os corpos suaram. Frêmitos. Convulsões. Os corpos muito além da animalidade, porque diziam o que as palavras não dizem. Enrodilhados, eles só sabiam se buscar e se buscavam com inteireza. Os corpos se mortificavam como num sacrifício inútil, sem que o inútil tivesse lugar ali. Os corpos se maceraram. Os corpos supuravam a agonia de um amor travado. Os corpos se amassavam, se nutriam sem enredo, longe do olhar de outrem. Uma unidade convulsiva, frutífera. Pedaços de si iam aos ares. As mordidas se abriam para risadas que se expressavam quase em silêncio. Os dois murmuravam. Os dois no ritmo de uma tormenta de ressurreição. Terra amassada. Argila se constituindo em haste e vaso. Eles se abriam para receber a simplicidade do suor, um suor-selo. Afeto espalhando-se. Garra na garra. Sexo exigindo sexo no pau enrijecido de cada um. As bocas molhadas e a saliva a escorrer num doce pescoço de estrias abertas ao bem-querer. Os corpos se enlaçavam e se reviravam e se multiplicavam. Tudo era menos no mais. Precisavam de um passo além. Ir ao fundo não somente do corpo. Ir ao fundo da substancialidade do outro, comer o outro à maneira de um antropófago cego, sedento. Era preciso arrancar um membro, substituí-lo por outro, fazer a metamorfose do horror. O horror da mancha das estrelas no longe de uma noite tempestuosa. E mergulharam na banheira de hidromassagem. Se lavaram cuidadosamente. Um passando a esponja no outro em cada recanto. Daquele crime tão benéfico e prazeroso não podia restar nenhuma mancha, nenhum cheiro.

E chegaram ao prédio de Isabel abraçados. Isabel, Rute, Madalena estavam no saguão. Viram quando Oba e Israel vinham pendurados um no outro. Isabel foi direto à ferida:

— Aí, abraçadinhos, hem... Depois não querem que a gente desconfie.

Obadiah bateu as mãos e deu saltos no ar, extravasando a energia que acumulara, sugando do ar a energia de que precisava:

— E vocês desconfiam? Por que perdem tempo? Por que não vão direto para a certeza? Facilita tudo para todos.

Beijos. Abraços. Empurrões.

No salão de festas quase toda a turma. Uma longa mesa com salgadinhos e doces. Outra, maior, com bebidas de variados tipos. Oba preparou o de sempre: gim-tônica. Brindou com Israel que reclamou:

— E o inferno desse som?

Nine Inch Nails na estratosfera. A conversa se tornava difícil. Israel abraçou Obadi pela cintura:

— Por que não uma baladinha? Alguma coisa como Maria Rita, Adriana Calcanhoto, Maria Gadú, Céu...

— Cara, nem reclame. Você sabe que este povo é do rock. A gente não pode impor nosso gosto. Como eles vão sacudir as ferragens se o som for lento?

— São uns escrotos, isto sim. Sacudir as ferragens? Só vivem para os impulsos imediatos.

— Calma, broder, Vamos descansar. Estou molão depois daquela saraivada lá no hotel. Minhas pernas parecem de palha molhada.

— Descansar nesta zoeira? E me diga uma coisa: quer dizer que eu acabo contigo, é?

Isabel se aproximou:

— Já pegaram uma bebidinha? Não querem um energético?

Ambos balançaram a cabeça em sinal negativo. Obadá não perdeu a oportunidade:

— Mais energia aqui e eu vou pelos ares. Isa, você não sabia que o Polaquinho enche minhas veias de sangue novo?

Ela deu de ombro:

— *Vocês dois!!!*

Buscaram um sofá livre. Se sentaram de mãos dadas, mas a um olhar de Israel, Oba retirou a sua.

As pessoas transitavam de lá para cá. Alguns não resistiam à tentação de mexer com eles:

— E aí? Os dois intelectuaizinhos. Sempre juntos. Não trouxeram nenhum livro para a festa?

— Vocês sabem que formam uma bela dupla café-com-leite?

Israel era sempre o mais esquentado:

— Ah, vá se catar seu brucutu!

Em sua cabeça zoavam as cenas de há pouco no hotel. Mas ele não queria se lembrar de nada. De modo inesperado estava interessado em viver aquele momento, se distrair de tudo o que o enredava. A saúde também está em se integrar com os outros. Ou não? Na certeza de Oba estar com ele, Israel sentia uma força motora que o movia ao encontro do outro, como se este não fosse mais aquele diferente com um sentido de menos inscrito na testa. Fez um esforço para esquecer a música desprezível, para entendê-la naquele contexto, sem desmerecer ninguém. Disse para Oba:

— Vou dar um giro e sentir a galera.

E girou e girou. As conversas não iam muito além da universidade. Em geral, reclamações, críticas azedas, debochas do jeito desta professora, do falar daquele professor. E, claro, sobre namoros. Interrompidos, em andamento, em vias de acontecer.

Voltou ao sofá onde Obadiah conversava com Rute. De pé. Israel sentou-se e ficou sentindo o gelo no copo umedecendo seus dedos. Relanceou os olhos em torno. Por mais que quisesse se enturmar, sentia uma parede invisível, mas pesando toneladas, entre ele e o restante do mundo. Ponte, só com o Neguinho. Alguma coisa o acusava de egocentrismo, de achar-se superior aos outros. De ser autocentrado demais. De estar de mal com o entorno. E estava. Afinal, o que era aquele bando de moleques pulando com frenesi ao som de algo estúpido? Escória. Massa de emparedados pela ignorância. Tropa de dopados pela repetitividade. Uns tongos amortizados pela rotina. Que perspectiva tinham? Lembrou-se da personagem de Marie Darrieuseqc: a mulher fuçando pelos cantos. Eles não se ocupam com outra coisa? Fuçar pelos cantos, viver ao rés do chão. Que futuro espera esta gente, santo deus? Como vão enfrentar uma turma de adolescentes para transmitir *conhecimento*? Que conhecimento, se não digerem nada, se não interagem com a inteligência dos grandes autores e só se prendem a uma grade curricular que não dá mais conta da realidade? que não está atualizada? que não fornece elementos para entender o que se é e o que se escreve hoje em dia? O que para eles é a identidade? Simplesmente seguir a onda, a voga, a moda. Todo mundo veste igual, fala igual, tem os mesmos conceitos. É o senso-comum em forma paquidérmica. Encostou sua perna esquerda na de Obadá que acabara de se sentar. O calor dele. A vibração que vinha dele. Ali estava seu porto-seguro, sem dúvida. Ao seu lado, a janela para respirar. Mais que companheiro, uma extensão de si mesmo para todos os ângulos. Um complemento para suas faltas. Alguém gêmeo com quem podia contar em qualquer trave da vida. Eles se completavam não só em termos de visão de mundo, como em termos de pretensão. Tinham certeza de que o saber pelo saber valia, sem precisar ser traduzido em dinheiro, em uma atividade prática qualquer. O saber não era imediatista. Não era uma engrenagem que funciona aqui para dar um resultado logo ali. Que as humanidades que formavam seus cotidianos eram fundamentais para este mundo ressecado, com máquinas e cifrões comandando tudo. Havia lugar ainda para a literatura no país. Ainda, não. Mais do que nunca. Quem desiste de ser, se perde no aluvião, no leito seco, no leito pragmático deste universo centrado no supérfluo, torto. Sou gauche? Sou idealista? Claro que sim. E como não ser numa vida cada vez mais estreitada, cada vez mais limitada por uma rotina sem densidade? Eu posso ser bosta. Pelo menos procuro fugir disto, ser bosta pensante, ser bosta com algum objetivo, além de amadurecer, casar, ter filhos e ficar pagando prestações o resto da vida. Tal esquema me é frágil demais, não atende minhas ansiedades. Vou voltar para a festa.

Rute chegou:

— Israel, vamos dançar?

Puxou-o pela mão livre e o levou para o centro do redemoinho. Ela parecia elástica ao se contorcer. Ele apenas balançava o corpo de um lado para o outro, enquanto bebia longos goles. Chega. Quero paz.

— Rute, dançar não é a minha.

— Qual é a sua? Viver grudado no Oba?

— Até pode ser. Com ele, pelo menos, não perco meu tempo à toa.

Voltou para o lado do companheiro que fazia força para marcar o ritmo da música com os pés. Oba franziu a testa:

— É dose, né?

— Põe dose nisso, cara. É como engolir elefante sem mastigar.

Israel passou de leve a mão na coxa de Obadi. Este pousou a sua sobre a do outro. Breves instantes. Se descolaram. Os dois resolveram circular. Depois beberam mais. Disse Obadiah:

— Com uma boa tonelada de álcool na cabeça, talvez a gente aguente mais um pouco.

— Claro! Claro!

Então não beberam mais um pouco, beberam muito, até o salão ficar acolchoado e distante. Saíram sem se despedir de ninguém.

Agarrados em apoio mútuo, foram atravessando o caminho do jardim até a portaria.

Já na calçada, Israel sugeriu:

— Que tal a gente voltar para o hotel. Terminamos a noite lá.

Obadiah riu e bufou:

— Acho que é a melhor forma de terminar a madrugada.

Pensavam num banho. Sem forças. Caíram na cama e dormiram. Ao acordar, o domingo já era um dia comum para todos.

Israel trabalhou na cantina. Domingo é um furdunço. A cabeça amortecida. O corpo lanhado. Tudo figuras moventes num sonho que não era seu e estava, todavia, entranhado em cada célula do seu corpo.

No final da tarde, deitou-se ao som de Dino Saluzzi – "Cité de La musique". Deixou o som enovelar-se em suas veias. Ao mesmo tempo, distendia os nervos. A dopamina devia dominar seu cérebro neste momento. Estava relaxado. Satisfeito. A relação com Oba era uma realidade e nada parecia ameaçá-la. A sensação de ter um companheiro de verdade, real lhe enchia a mente com a percepção de que o solo é sólido, basta caminhar por ele. Nestes meses de convivência, as dúvidas eram mais leves. A certeza de amar e ser amado imperava com intromissão mais consistente no seu cotidiano. Era a paz, de certa forma. Tinha uns ciúmes bobos. Porém, com o tempo, haveria de superá-los acostumado ao bem-estar oriundo de Oba.

Acho que vou dar para Obadi o *Giovanni*, de James Baldwin. Será muita bandeira? O Oba pode perguntar a razão e quem sabe aí aparece um fio da meada que posso puxar para dar o bote e dizer o tão esperado: porque estou afim de você, cara.

Ele anda pelo quarto. Revê as reproduções de pinturas pelas paredes ou penduradas nas estantes. A maioria de Caravaggio. Quando leu *A corrida para o abismo*, de Dominique Fernandez, em que o autor romanceia a vida do pintor, ficou estupefato. Naquele tempo! E com tanto arrojo. Usar a figura de seus garotos, seus namorados como modelo de deuses e santos. Viver com os seus preferidos num inferno que o cercava por todos os lados. Isto é ser macho. Isto é que é ser dono de si. Que se dane o mundo. Gosto deste cara, boto ele no meu quarto, na minha casa, na minha cama. No final das contas, é possível que o imbróglio está mais na minha cabeça. Oba há de compreender. Ele não fará nenhum escândalo. E se não topar, garanto que a amizade continuará a mesma. E Obadi pode vir morar aqui. Lá no porão tem um quarto que serve muito bem para ele. Oba se livra do aluguel. A vida fica menos apertada. Não quero seduzi-lo com utilitarismos e vantagens. É apenas um modo de me preocupar com ele e diminuir suas dificuldades de sobrevivência. Vou falar com o pai, a mãe.

— Pai, lembra do Oba?

— Oba? Que Oba?

— Aquele meu amigo que veio aqui quando a gente passou no vestibular. A gente almoçou junto e ele faz o curso comigo.

— Ah, aquele nego? O que é que tem?

— É o seguinte: ele vive apertado. Tem uma tia dele de Pernambuco que manda um salário mínimo para ele. Oba divide uma quitinete com um colega. Tem o aluguel, o condomínio, gás, luz, essas coisas. Ele se aperta todo mês.

— Sim, e daí?

— E daí que eu estava pensando. Será que ele não podia vir morar aqui com a gente? Tem aquele quartinho lá no porão...

— O quê? Trazer um negão pra dentro de casa?

— Pai, racismo hoje é crime, sabia?

— Que crime o quê! Crime é essa bandidagem de políticos. Cai ministro atrás de ministro e nenhum vai pra cadeia.

— Concordo, concordo. Mas o Oba não é nenhum criminoso. É um estudante de valor. Um dos melhores da turma.

— E o que é que eu tenho com isso?

— A gente podia dar uma força para ele, né? Ajudar. Não custa nada. Se a gente tem um espaço vago, seria uma mão na roda para ele se aliviar das despesas.

— Aquele espaço não tá vago. Uso como depósito.

— Ah, pai. O porão é grande. É só desencalhar o que atravanca o quarto e colocar em outro lugar. É uma questão de organizar a bagunça.

— Meu filho, eu preciso de todo o espaço pras mercadorias da cantina. Só de saco de farinha...

— Pai, corta essa. É só ter um pouco de vontade. Eu me encarrego de dar uma limpeza lá. Empilhando bem, sobra espaço para um exército lá embaixo.

— E por que este interesse em trazer um negão pra dentro de casa?

— Não estou trazendo um negão. Estou querendo trazer um amigo que vive em aperto. Só isso. E ele é super-interessado em literatura. A gente pode estudar juntos.

— É, sei... Deve ter alguma coisa aí. E você conhece aquela história: nego quando não faz na entrada...

— Para, para, para! Não admito isto no senhor. Quando um *nego* vem comer aqui, o dinheiro dele vale o mesmo que o de um branco, ou não?

— Isso não tem nada a ver. É uma negada só de passagem que vem aqui. É diferente. Agora, ter que encarar um negão no dia a dia dentro de casa revolta meu estômago.

— Pai, desculpa o que vou dizer. Mas não acredito que o senhor pensa de forma tão baixa. E outra coisa: o pai nunca teve um amigo do peito que precisou de sua ajuda?

— Claro que tive. No exército mesmo. O Franco. A gente era unha e carne. E um ajudava o outro. Com a miséria que a gente ganhava, sempre tinha um pendurado. Mas podia contar com o outro que não tinha erro. Mas ele era *branco*. E se penso o que penso sobre os pretos, é porque eu tenho experiência. Você é um pirralho, não sabe nada da vida.

— Pelo menos sei que racismo é baixaria e sei ser solidário com um amigo. Se o pai tem nojo de alguém só por causa da cor da pele, que não tem nada a ver com o caráter da pessoa, digo com todas as letras: me dá nojo saber que meu pai é do tipo mais baixo que há...

— Olha o respeito comigo!

— E o respeito com Oba?

— Nada a ver. Você diz que cor de pele não tem ligação com caráter. Quem garante isso? Você não sabe o que a negada já me aprontou na vida.

— E o branco? Foram todos uns santos?

— Tem branco filho da puta. Mas nunca vi um negão que prestasse.

— Isto porque o senhor não conhece o Oba. Ele é gente finíssima. De alta estirpe. Além de ser um dos melhores alunos da sala, é um sujeito sempre alegre, sempre disposto a ajudar e me ajuda à beça a enfrentar minhas barras. É um amigo com quem posso contar a qualquer hora.

— E o que isso tem a ver com trazer pra dentro de casa? Vocês podem ser amigos, cada um morando no seu lugar. E se este tal de Oba é inteligente, aí que mora o perigo. A negaiada quando é inteligente, só usa a cabeça pro mal...

— Pai, chega! Coloco minha mão no fogo pelo meu amigo.

E fico aqui pensando com os meus botões: o que o pai vai fazer na igreja todo domingo? A sua religião não prega a solidariedade?

— Nunca fui de cair no papo de padre.

— E por que vai à igreja?

— Pra cumprir meu dever de católico.

— E entre seus deveres não está a ajuda ao próximo?

— Tá. Só que este tal Oba não é o meu próximo. É o *seu* próximo.

— Como o senhor é cabeça dura. Não consigo entender. O Oba é gente de toda confiança.

— Mas por que tanto interesse em trazer ele pra cá? Isso tá me cheirando mal...

— Pai, já disse. Quero apenas ajudar um amigo que leva a vida na ponta do lápis. E não tem nada aí para cheirar mal, pode ficar descansado.

— Fora de questão! Não sou Madre Teresa...

— Quando o pai precisou de ajuda, bem que contou com a grana do vô, não foi assim?

— Isso são outros quinhentos. Eu já trabalhava pro teu avô. Ele sabia como eu era lutador. Se me emprestou dinheiro é porque tinha certeza que eu pagaria.

— Não cobrou juros...

— Justo por isso! Eu era a garantia.

— Mas pai, de novo, não se trata de dinheiro aqui.

— Como não? Mais um a tomar banho, gastar luz, gás. Você não vê que meu dinheiro é suado?

— Ah, pai. Grande despesa que ele vai dar. Como se a cantina não rendesse bem. E se for este o problema, ele pode cobrir tais gastos.

— A cantina rende o necessário. Tem mês que mal cobre as despesas. Salários, impostos e o escambau. E não se esqueça: você pode estudar numa boa, comprar seus livros porque quem está por trás sou eu...

— Êhhh, que conversa mais sem sentido. Primeiro: estudo numa universidade pública. Segundo: trabalho todo dia até as quatro e o que recebo mal dá para terminar o mês. E dizer que a cantina rende pouco? O senhor é daqueles italianos bem unha-de-fome mesmo.

— Sei o valor do dinheiro.

— E eu sei o valor da amizade.

— Não seja bocó, meu filho. Um dia desses o tal negão mete o pé na sua bunda e você vai vir chorando pro meu lado.

— O pai está desviando do assunto. Se for o caso, pode cortar minha mesada para cobrir as despesas dele.

— Nossa! Quanta caridade! Por que tanto interesse, hem? Não vai me dizer que o meu filho tá virando a mãozinha pro negão. Sim, porque hoje em dia, do jeito que tá o mundo, todo mundo tá virando gay. Não quero jogar nada na sua cara, mas não confio muito em homem que faz *letras*. Homem deve fazer medicina, direito, engenharia. Isso é coisa de macho. Agora ficar só com livrinho na mão...

— Porra, pai. Até que foi bom ter essa conversa com o senhor. Está se revelando de um jeito que eu nunca pensei. Pensei que o senhor, como empresário, fosse um homem evoluído. Mas, santo cristo, o senhor nem saiu ainda das cavernas. E só porque faço letras vou ser gay? Faço letras porque o curso me realiza como ser humano. Não sei se o senhor entende uma coisa dessas. Fica aí contando dinheiro o dia todo. Já perdeu a humanidade por completo. Eu querendo ajudar um amigo e encontro um fascista tão bruto pela frente.

— Já falou com tua mãe?

— Ela me disse para conversar com o senhor...

— Só me faltava essa. Um negão morando bem nas minhas fuças. Me dá um tempo pra pensar. Preciso medir bem as consequências. Vou procurar um argumento pra me convencer, porque esta história de querer ajudar não me deixou nem um pouco convencido. Você mete coisa estranha na cabeça e sou eu que tenho de resolver depois. Me dá um tempo. Tem muita coisa em jogo.

Ele deita-se na cama. Nino pula e estica-se sobre seu peito. As patas estiradas até o pescoço dele, os olhos cravados em Israel. Este o acaricia e murmura: Ah, Nino, como viver é duro. Se você estivesse apaixonado pelo cachorro do vizinho simplesmente pulava a cerca e transava com ele? Mas comigo não se trata de transa. Quero *ter* alguém na minha vida... Alguém, não. Quero Oba comigo. Aí eu não seria esta mosca tonta a se debater contra a vidraça. Haveria sentido em ser eu mesmo. Em levantar de manhã e ir para a universidade. Não aguento o vazio imenso. A apatia. A inanição que me enfraquece e tira toda a minha vontade para fazer o que seja. Nino lambe o seu pescoço. Israel continua: você tem sua ração garantida, sua aguinha limpa, o ninho onde se embrulha para dormir e nem imagina o que se passa na minha cabeça. Nem eu entendo direito os contrachoques. Quero Oba. É a clareza que tenho. Agora, quantos muros existem entre mim e ele? Cadê coragem para abrir o jogo e, se tiver sorte, trazer aquele Neguinho precioso até minha vida. A gente enfronhado seria a energia para batalhar no dia a dia. Olho para ele. Quando o imagino *meu* a ponto de abraçá-lo, acariciá-lo, a emoção funda toma conta de mim. O mundo se rasga num teatro de sentidos. Me completo do pé a ponta. A polpa. A polpa suculenta do dia quando estiver com ele e puder dizer: te amo, cara, você é meu. Vida de consistência. Vida de materialidade maleável, eu inteiro em mim mesmo, completo, me distendendo até ele e afirmando: quero fazer tudo para você. Sou teu. A grandeza de minha vida vem de você. Formamos uma coisa só que palpita e pensa. Agora ler pode ser conduzido para alguém. Agora escrever terá uma engenharia carnal advinda do teu corpo, da tua densidade. Adoro todos os teus jeitos. Teus lábios grossos estreitando uma boca pequena, vermelha, que eu quero beijar, não só pelo beijo e sim porque preciso insuflar algo de mim em você e arrancar de você um hausto definitivo de vida. Vem para mim, Obadá. Fica comigo. Me queira do mesmo modo que te quero para o dia amanhecer largo e acolhedor e cheio de consistência. Ah, cara..., como é difícil estar aqui com a coisa trancada no peito, a ferver, com vontade de explodir. Ah, cara..., facilita tudo, por favor. Dê um gancho onde me pendurar. Dê uma deixa mais ou menos clara para eu ter enfim um modo de entregar de bandeja meu burburinho interno em tuas mãos, e você consertará tudo.

Israel está sentado num banco do pátio da reitoria. Obadiah vem chegando. Cumprimentam-se. O negro também se senta. Fica em silêncio. Israel:

— Está encucado com alguma coisa?

— Não, por quê?

— Sei lá. Está aí todo serião.

— Estou pensando, cara.

— Hummm. Em quê?

— Por que você me deu o *Giovanni*...

— Ué, porque eu acho um grande romance.

— Mas é um romance gay.

— Não sei se pode ser rotulado assim pela época em que foi escrito, a década de 50...

— Mas trata de homossexualismo.

— Algum preconceito?

— Não, nada a ver. Quero saber o que significa o presente...

— Uma homenagem a você. Baldwin é negro.

— Os personagens são todos brancos.

— Uma forma do autor protestar contra a intelectualidade branca e contra o tratamento dado aos negros. Baldwin estava à frente do seu tempo.

— Tudo bem. Mas o que isto tem a ver comigo?

— Você se ofendeu por acaso?

— Não. Só fiquei intrigado, pensando no porquê do presente.

— Mais que homossexualismo, o livro trata de angústias. Lembra como o David é atormentado em seus relacionamentos? E eu sou um cara angustiado e queria que você soubesse disso.

— Por quê?

— Você é meu amigo, cara.

— O que posso fazer por você?

— Não se trata de fazer. Ah, deixa para lá. Se você não gostou do livro, me devolve que doo à biblioteca.

— Não quero devolver o livro. Quero saber a razão do presente.

— Já te falei. A negritude do autor. As crises dos personagens que batem com as minhas... O Giovanni a trocar os pés pelas mãos, sempre metido em rolos. E eu nos meus rolos...

— Você quer o meu apoio. É isso?

— Talvez...

— Mas veja bem. Angústia é assunto batido em literatura. Tem até livro com este título. Por que você não me deu outro romance para chamar a atenção sobre as suas angústias...

— Pensei que juntando homenagem e crise fosse mais fácil. Assim entraríamos no assunto de um modo mais direto. Tentei criar uma ponte com você.

— E conseguiu. Estamos falando de angústia agora...

— É, mas você quebrou o clima.

— Por quê?

— Não sei. Sinto uma certa agressividade em você. Um tom de desencanto. Perdi o pique para deixar você olhar lá dentro de mim.

— Eu? Agressivo? Nada a ver. Só estou curioso. Acho que tem um rabo de gato na história e você pretende continuar a esconder o bicho de mim.

— Um rabo de gato? Tem uma fauna inteira me azucrinando. E como confio em você, imaginei que poderia me abrir. Você é tão seguro. Tão de bem com a vida. Tão descolado de tudo. Pensei: e ainda é meu amigo. Quem sabe uma palavra dele seja uma chave boa para eu entender o que há comigo.

— Você sabe que as aparências enganam. Não me encaixo

neste perfil que você acabou de dar. Também tenho um minhocário dentro de mim.

— Concordo. Afinal, você é humano. Mas é um cara seguro. Coisa que não sou.

— Talvez a palavra não seja seguro. Talvez a palavra seja *mascarado*. Costumo camuflar bem minhas emoções e fazer palhaçadas para tornar a barra menos pesada.

— Sendo sincero, não sinto em você alguém fingido. Você é bem transparente no modo de agir e sua segurança é evidente. Por isso torci para você abrir uma brecha. E eu poderia falar o que vem acontecendo comigo...

— A brecha está aberta. O que vem acontecendo com você...

— Ihhh, Oba, nem pense. Não é fácil. Não dá para chegar como numa peça de teatro em que um personagem dá a deixa e o outro solta o verbo. Na realidade o que eu teria de te mostrar são as minhas vísceras podres e tenho certeza de não ser este o momento nem o lugar.

— Você não está complicando as coisas?

— Não, só me preservando.

— Se preservando do quê?

— De tudo. Do mundo. Não sou moldado para me acertar com os papéis que estão aí à disposição...

— Nem eu. Nunca fui um cara convencional...

— Eu sei. Foi isto que me moveu a buscar ajuda em você.

— Que rejeita agora.

— Não. Você tocou num ponto que me fez encolher. Queria estar mais aberto. Mais expansivo para falar do que preciso falar. Estou na verdade com uma brutal angústia agora. O Oba que está comigo está longe daquele a quem quero bem como amigo.

— Nada disso. Só estou sério. Afinal, você veio com um discurso que também me fez encolher. Acho que fiquei meio na defensiva.

— Com certeza. E me deixou ainda mais na minha concha. Você se investiu de um papel estranho. E perdi o pique.

— Então falamos noutra oportunidade.

— Talvez. Mas fique sem pedras nas mãos.

— Meu amigo Polaquinho. Eu não estou com pedras na mão. Sinto um drama se desenrolando em você e você insistindo em deixar as cortinas fechadas para a plateia não ver a cena.

— É uma imagem verdadeira e acertada. Vamos deixar tudo para um momento em que a cortina possa ser descerrada e o drama ou a comédia possa ser representada em todos os seus tons e semitons...

— Está bem, então. Só não fuja. Garanto a você que seja o que for, vou ter ouvidos atentos e compreensivos. Gosto muito de você, Israel. E sabe por quê? Porque você se destaca desta massa *humana* que temos ao nosso redor. Você não é ovelha de redil.

— Você também não. Esta a razão de termos laços afetivos e uma amizade forte.

Levantaram-se e foram para a sala de aula.

Ah, Bill Evans, me console da angústia. Estranho, o piano parece não tocar. O som vem lá do fim do infinito e não dá chão para eu pisar firme. Que desconsolo. Que amargura. Uma centrifugadora no meu estômago soltando chispa. Um buraco aberto bem na altura do meu peito e rasgando para baixo, me puxando para um terreno onde não quero ir. Que cagada! Por que eu fui tão besta em dar um livro como *Giovanni* para Oba?

Está na cara que ele desconfiou de alguma coisa. Tornou-se tão cerimonioso, rígido, duro, senti um traço de agressividade dissimulada em suas palavras. E ficou meio sem jeito, meio distante. Mas eu queria o quê? Que ele viesse correndo de braços abertos e dissesse: meu querido Israel, você é gay como eu? por isso me deu este livro? maravilha! eu também sou gay, eu também te amo, vamos ficar juntos. De agora em diante seremos um. Nos dedicaremos um à vida do outro. Vamos respirar juntos. Vamos derrubar todas as barreiras ao nosso redor e nos assumir num amor que servirá de exemplo a toda gente. Eu te amo, cara. Como você demorou a perceber. Ainda bem que o Giovanni abriu o caminho entre nós dois. O que eu pretendia, afinal, com tal presente? Como fui infantil. Meu objetivo era puxar um fio da meada e tudo se enovelou em mais dúvida. Agora, o que faço? Como vou encará-lo? Imaginava sanar a ferida e ela se esgarçou ainda mais. Que cara terei ou farei da próxima vez que a gente se encontrar? A ansiedade me condena de todos os modos. Assim, ajo sem pensar, sem medir as probabilidades. E a minha burrice me fez dar com a cara na parede.

Isabel chama Israel para uma conversa na cantina. Ela toma chá. Ele, uma grande xícara de café. Falando com calma, Isabel diz:

— Noto desde o primeiro ano que você e Oba são muito amigos. Acho legal isso. Ter um amigo que dê segurança para a gente, com quem contar a toda hora. Para mim, os homens são mais fiéis em suas amizades, fazem vínculos mais profundos que as mulheres. Nós somos impulsivas, e a amizade, muitas vezes, é só coisa de momento. Veja, eu, a Rute e a Madalena formamos um trio inseparável. Mas é um trio. Não tenho muita intimidade com nenhuma delas. E não sei se posso contar com uma das duas num momento de maior dificuldade. É amizade tipo assim, para as festas, para a farra. Sinto que não há uma liga de verdade como há entre vocês dois.

— Por que está me fazendo todo este sermão?

— Não é sermão. É uma espécie de desabafo. Um desabafo que tem alguma coisa por trás.

— Como assim?

— Apesar de todas as brincadeiras, acho você um cara super-inteligente. Nossa, fico de boca aberta com o que você sabe, quando você debate com um professor. Penso: de onde ele tira tantas ideias, como ele alcança formas de pensar que eu nem imaginava. Admiro você de verdade. A sua cultura. O seu desembaraço ao falar. A sua autodeterminação. Às vezes também penso em interferir numa aula, mas fico morrendo de medo de dizer besteira e ser zoada. Você não. Você é seguro, tem estofo.

— Não é nada assim. Tenho mais incertezas do que certeza. E se falo ou discuto é no sentido de encontrar uma raiz mais profunda. Leio muito. Se tal prática me dá elementos, por outro lado, é um inferno, porque encho minha cabeça de mais e mais perguntas. Pensar não é fácil. Você me encara por um ângulo que não bate com minha realidade. De fato, a turma é que é fraca. Um bando de desinteressados que não quer nada com nada. Nem entendo porque escolheram letras. Agora, se fosse numa universidade de primeira, como a USP, por exemplo, tenho certeza de que lá eu passaria despercebido.

— Claro que não. Você se destaca em qualquer ambiente porque se nota que não está apenas repetindo o que leu. Você processa tudo e transforma num discurso original, seu. Você tem o que dizer. E tem outra coisa...

— O quê?

— Acho você um gato. De verdade. Além de inteligente, lindo, charmoso. Seus cabelos cacheados, seus olhos azuis derretem qualquer guria...

— Para com tal baboseira que estou ficando sem jeito.

— Nada a ver. A verdade a gente fala. Todas as garotas comentam a seu respeito. E todas garantem que você é especial. Seu jeito sensual, sua maneira de ser. Você está muito longe de quem vem para dar uma cuspida e cair fora.

— Ah, que papo mais besta. Sensual o quê?

— Juro. Você tem presença, é chamativo, uma aura que atrai. E não é só o corpo. É toda a sua maneira de ser, de andar, os seus gestos, o seu olhar melancólico, seus modos...

— Ih, não vai dizer que desmunheco.

— Pelo contrário. Você é um anjo viril. Une traços de suavidade com masculinidade. Um conjunto que as mulheres amam. Verdade. Ao mesmo tempo que você parece pedir proteção, é um tipo protetor, com quem se pode contar, com quem a gente se sente segura.

— Não me vejo assim. Pelo contrário. Você não imagina o que me passa pela cabeça.

— Ah, normal. Problema todo mundo tem.

— Sei que é assim. Acontece que comigo é pior. Não encontro meu lugar no mundo. Adoro literatura, apesar das aulinhas de merda que temos aqui. Quero ser escritor. Vivo tentando. Mas tais elementos pouco ajudam. A impressão é de estar num poço de areia movediça. Sabe como é?

— É que você pensa muito. Aí está o ponto. Acho que você devia procurar mais diversão, sair mais de si, descobrir outras coisas...

— Que coisas?

— Sei lá. Sair, vir mais pro mundo, por exemplo, curtir as meninas, ir a festas e se soltar...

— Cara, o meu tempo é curto. Você sabe que preciso ajudar meu pai na cantina. Depois, tenho um programa rígido de leitura. Preciso aproveitar enquanto sou jovem para formar uma boa base. Há certos críticos que escrevem na *Folha*, só para você ver como me sinto, quando eles analisam um autor, remetem a muitos outros de quem nunca ouvi falar. E eles são ainda bastante jovens. Em entrevista, dizem que aos 12 anos já liam Platão. Imagine só. Eu ainda estou longe, muito longe...

— Tudo bem. Mas por que não desgruda do Oba e sai com outras pessoas?

— É que O Oba tem um ótimo nível de cabeça. Não quero desfazer ninguém. Mas nele tenho um companheiro de fato com quem trocar umas ideias.

— Você está me chamando de burra, por acaso.

— Qual o quê! Só estou tentando te fazer entender por que razão saio com o Oba. Somos irmãos de alma.

— Existe algo mais entre vocês?

— Para com tal paranoia.

— Então! Sabe aquela história de uma árvore na frente dos olhos esconder toda uma floresta?

— O que é que tem?

— Você vive tão ocupado com Obadi e não nota que pode ter alguém interessado em você.

— Como assim?

— Ah, Israel, não se faça de ingênuo. Bobo sei que você não é.

— Tudo bem, não sou bobo. Mas onde você quer chegar?

— Por que você acha que estou levando este papo com você?

— Não tenho a mínima ideia.

— Israel, acorda! Eu, a Isabel aqui, sou a fim de você. Acharia o maior barato ficar com você.

Israel abaixa os olhos para a xícara de café.

— Puxa, assim você me deixa sem chão... É..., legal ouvir uma declaração assim. Mas sabe o que é? Não tenho tempo para ficar com uma mina. Não quero empatar o tempo de ninguém. Como já te falei, tenho que trabalhar, tenho que ler e escrever. Não vejo como posso ficar com alguém que vai exigir minha atenção. E nem levo jeito para namoro. Só ia te causar mágoa.

— Deixa disso, Israel. Você está arrumando pretexto para me jogar para escanteio.

— Não, é sério. Minha vida é muito ocupada.

— Aí é que está. É hora de arrumar alguém, ir no cinema, no teatro, aproveitar os barzinhos...

— Mas eu vou no cinema com o Obadi...

— Te peguei! Quer dizer que com o Oba tudo bem. Você tem tempo para sair com ele. Comigo, no caso, não teria.

— Você deturpa minhas palavras. Não querendo ser grosso, mas duvido que você gostaria dos mesmos filmes que eu. Sabe, os filmes de arte, de encucação, em que não acontece nada, só luta com as palavras?

— Sei, pura chatice de papo-cabeça.

— Taí! Eu me amarro neles, porque sempre encontro alguma chave que me abre espaços, me dá algum elemento para me entender...

— Comigo você não poderia se entender também?

— Não é o que estou dizendo. Mas você mesma falou: "pura chatice". Eu acho o máximo. Aí navego em águas profundas, arrumo temas para pensar e escrever...

— Pensar, pensar... A vida não se restringe a tal coisa, cara. Abre os olhos enquanto é tempo.

— É o que eu venho tentando fazer.

— Não parece.

— Só por que não posso ficar com você?

— Não pode, não. Não quer. Não vê nada de interessante em mim.

— Claro que vejo. Você é gata, uma das poucas inteligentes da sala, é atraente, é uma mulher fina estampa, só para lembrar o Caetano. Mas não tenho como colocar você na minha vida. Eu seria um saco no seu dia a dia.

— Por quê? O lugar está ocupado pelo Oba?

— Lá vem você com a obsessão de sempre. Já disse. Oba e eu somos amigos de cabeça e de coração. Mais de cabeça. Temos interesses muito parecidos. Lemos os mesmos livros e comentamos. Escrevemos e trocamos nossos textos. Um critica o outro...

— De tabela e de novo está me chamando de burrinha. Eu não poderia fazer as mesmas coisas?

— Não ouviu o que acabei de dizer sobre você?

— Está certo, então. Com você, necas de chance.

— Podemos sair como amigos. Beber umas e outras. Comentar algo interessante. Só que não posso assumir compromisso.

— Claro, assumir compromisso com uma estúpida feito eu...

— Não coloque em minha boca palavras que...

— Sabe de uma coisa, Israel. Você é um boboca. A gente podia ir numa festa. Depois transar adoidado e festejar a vida. Em vez de viver assim, fica enfurnado num quarto, perdendo tempo com livros que não levam a nada.

— Obrigado pelo apoio moral.

— Que apoio moral, o quê! Você tem todo o apoio do mundo com o Oba. Do que você precisa é de mulher na sua vida. Para abrir a cabeça e o coração. Você é muito cheio de si...

— Ué, no começo da conversa você me encheu de elogios, agora...

— É que eu pensava que você tinha sensibilidade humana.

— E não tenho?

— Parece que não. Você só funciona com os livros. E certamente com o Obadi.

— Isabel, só quero evitar que você tenha a maior decepção de sua vida...

— Que decepção. Você é broxa por acaso?

— Puta vida! Que cabecinha a sua. Pode ter certeza que dou bastante conta do recado.

— Então o que te impede de ficar comigo? Vou me decepcionar a troco de quê?

— Você não me conhece bem. Só vê o lado intelectual. Mas há um lado sombrio em mim: sou muito depressivo e duvido que uma garota aguentaria um troço assim.

— Se a gente estivesse junto, aprenderia a se conhecer. E te garanto, comigo você não teria depressão nenhuma.

— Você não sabe o que está falando.

— Não sei?

— É óbvio que não. Você só está interessada na minha casca. Lá por dentro o turbilhão é outro e é aí que a parada fica pesada.

— Que turbilhão? Que turbilhão? Sou uma guria forte. E

se estou ou estava a fim de você me sinto preparada para qualquer parada.

— Duvido. Se neste exato momento você fizesse um raio X de minha intimidade, sairia de cabelo em pé da cantina.

— É o que vou fazer. Sair da cantina. E esquecer tudo o que falamos. Vou fazer de conta que não aconteceu tal conversa.

Ela se levantou e pegou sua bolsa com raiva:

— Tchau, Israel...

— Tchau, não me leve a mal.

Ela nem ouviu. Passou voando pelas mesas, empurrando o que encontrava pela frente. Alguns colegas o olharam e riram. Está pegando fogo aí, é?

Estendo um pedaço de feltro verde em minha escrivaninha. Sobre ele coloco o *Viagem*, de Cecília Meireles, que Obadi me deu há algum tempo. Pela antiguidade do livro, ele parece frágil, pode se desmanchar a um toque dos dedos. Sua cor é um amarronzado cheio de manchas, os recantos do corte desgastados, alguns pedaços como que arrancados sem propósito. Contemplo o livro como num ritual de sensualidade. O volume me causa frêmito, não só pela sua importância literária como, sobretudo, por quem me deu tal preciosidade. Contemplo a capa, simples e significativa: a primeira informação é, bem no alto, *Edições Ocidente*. Um pequeno espaço e o nome da autora. Em caixa alta, num tipo que já não se usa: VIAGEM e logo a seguir o gênero: POESIA, com um S quase desfeito num traço fino. Em seguida o bosquejo de um pássaro voando veloz em direção à esquerda. Suas asas não estão abertas. É como se ele tivesse tomado um impulso anterior e voa neste embalo em busca de sua própria viagem. Mais um espaço e a informação do período de criação reunido na obra: *1929-1937*. Então uma informação que deve ter enchido Cecília de orgulho, seu peito lírico varado pelo reconhecimento: *1º. Prêmio de Poesia da Academia Brasileira de Letras em 1938*. No sopé da capa: *EDITORIAL IMPERIO LTDA*. O restante dos dados é ilegível. Parece que alguém colou fita durex sobre eles e depois a arrancou, levando a superfície do papel e o que nele estava inscrito. Só aparece de modo rasurado a palavra Lisboa. Afinal, o livro foi publicado naquela cidade, em 1939. Abro com cuidado na primeira página e encontro o "Epigrama no. 1":

Pousa sobre esses espetáculos infatigáveis
uma sombra ou silenciosa canção:
flor do espírito, desinteressada e efêmera.

Por ela, os homens te conhecerão:
por ela, os tempos versáteis saberão
que o mundo ficou mais belo, ainda que inutilmente,
quando por ele andou teu coração.

Está ali, de cara, a Cecília Meireles inteira. Que seriam os espetáculos infatigáveis? A silenciosa canção. A flor do espírito, efêmera. Por que teria a beleza ficado inútil quando o coração do amado passou pelo mundo? Amargura, intimismo, decepção lírica, dor escondida nos recônditos. Nada declarativo, só a sugestão, essa flor do espírito. Cecília é leve. Não por acaso Manuel Bandeira a classificou como *libérrima e exata*. Nessa fragilidade acentuada pela escolha consciente de palavras tênues, a grandeza de um espírito que se expressa sem alarde. Libérrima e exata. A matemática pura da emoção bem dosada, sem gritos, sem gradiloquência.

Logo em seguida, vem o poema "Motivo", um dos únicos que sei de cor e cujo ritmo me alucina toda vez que me ponho a escrever. É música de intensidade marcante, como quase tudo que ela escreveu.

E assim, em minha escrivaninha, um tesouro. Não sei se Obadi teve percepção de estar comprando uma primeira edição. O dono do sebo certamente não tinha a mínima noção do que vendia. Pelo preço que cobrou, ignorava a raridade que tinha em mãos. Oba se faz mais presente em minha vida com o gesto de me oferecer um troféu tão raro. Ele é a flor exata que pousa sobre o mundo e não o torna inútil, pelo contrário, sua presença abre os espaços do encanto.

Agora é que tudo se enroscou de vez. O Oba me deu um livro do qual nunca ouvi falar: *A biblioteca da piscina*, de Allan Hollinghurst. Fui ler e eis o que encontrei: o personagem Will, cabeça super-aberta, um cara de inteligência total, culto até dar o cu para a lua, com uma visão de mundo toda dele, meio vulgar às vezes, porém com um detalhe muito especial: se apaixona por um negro. O que Obadi quer me dizer com tal presente? Se me colocou contra a parede por causa de *Giovanni*, o que posso pensar a partir de um livro com personagem deste calibre? e apaixonado por um negro? Será que ele sacou a minha? Será que ele percebeu nas entrelinhas das falas que estou apaixonado por ele? E agora, meu senhor dos brejos? Estou entalado até o nariz e não posso nem respirar. Vou perguntar por que me deu o livro, como ele fez comigo? Vou fazer uma pequena sabatina como a dele, quando me pressionou a fim de arrancar de mim a razão do *meu* presente? Eu não. Só que estou aqui de tal modo com os sentimentos desmedidos e confusos que não sei o que pensar. Quer dizer: sei. O Obadá está me mandando uma mensagem direta, só se eu fosse tanso para não entender. Se minhas paranoias apontam para o rumo certo, só tem uma: o Will sou eu e o negro é ele, Oba. Todavia, se é assim mesmo, por que ele foi tão presunçoso e defensivo quando me apertou a respeito do *Giovanni*? E se ele percebeu a ordem/desordem da minha cabeça, manda um recado direto para as tubulações internas dizendo que passa pela mesma ordem de conflito? Não demora um segundo e o céu cai sobre minha cabeça e vou ficar todo esborrachado antes de entender o que se passa de verdade.

Os dois no café do SESC, na Praça Generoso Marques. Pela janela contemplam os quiosques que vendem flores e conversam, enquanto bebem um café com rum:

— No primeiro ano, eram aquelas aulinhas de teoria. Poesia isto, prosa aquilo.

Obadi ri de modo solto e ensolarado:

— Sabe qual é o problema de nossos professores? Eles conhecem literatura só pela teoria, ou seja, pelo lado de fora. Eles não escrevem para saber de fato do que se trata. Enchem a cabeça de esquemas que outros criaram *analisando obras* e passam aos alunos alguma coisa que lhes é exterior. Sem brotar de suas entranhas.

— É claro! Se eles metessem a mão na massa como a gente faz, teriam pelo menos outra sensibilidade.

— Veja o pessoal de linguística. As aulas são mais vivas, têm substância. Por quê? Os professores são linguistas, praticam o que fazem, saem a campo a fim de retirar dados e refletir sobre eles.

— É, mas ali também tem muita gente que só arrota o que leu em outros autores, bebem em fontes já prontas de quem suou a camisa em nome do estabelecimento de novas categorias.

— Está certo! Contudo, você não acha diferente das aulas de literatura?

— Claro que acho. E agora essa: ter de ler *O romantismo*, desse Antônio Soares Amora e *O realismo*, desse outro João Pacheco. Será que não tem nada mais atual, que a gente leia com proveito? O segundo ano está pintando com cara de ser pior do que o primeiro.

Israel contempla o bonito ambiente do café. Aconchegante. Nuns sábados atrás, esteve aqui ouvindo recital de dois poetas da cidade: Alexandre França e Marcelo Sandmann. Gostou do que ouviu. Sob o impulso das palavras deles, rabiscou alguns tracejados de poemas para compor depois. Oba estava no trabalho e não pôde vir. O café está cheio de gente com cara de bicho inteligente que se importa com arte. E se toda a cidade fosse assim?

— Aqui só dá intelectual, já percebeu?

Oba faz uma careta engraçada e olha de esguelha:

— Espero que não seja só a cara. Que este povo produza realmente alguma coisa que valha a pena. De máscaras o mundo está cheio. Quando se aperta a casca...

— Oba, falei com meu pai sobre você ir morar lá em casa e se livrar das despesas do aluguel.

— Você ficou maluco? Nunca te pedi uma coisa dessa.

— Eu sei. A decisão foi minha. Uma forma de te ajudar em tuas encrencas com dinheiro.

— Se você pensa que vou aceitar viver de favor, está muito enganado.

— Viver de favor? Você vai ver o que é bom para a tosse. Vai ter que me ajudar sempre que for possível.

— Mas, Israel, você poderia pelo menos ter tido a gentileza de conversar comigo antes, me consultar, no mínimo, saber se eu estava interessado.

— Queria te fazer uma surpresa.

— E os teus pais o que disseram?

— O blablablá de sempre. E no fim, acabaram concordando.

— E eu vou morar onde?

— No porão tem um quarto bem manêro. A gente dá uma ajeitada nele, deixa ele no capricho e você vai ter seu pequeno paraíso, sem ninguém a te encher o saco. Até banheiro tem lá.

— Mas o porão não é depósito?

— Parte dele.

— Já entendi. O nego na senzala do porão. O loirinho, filho do patrão, no andar de cima. Bom arranjo...

— Nada a ver. Só pretendo dar aquela mãozinha ao meu melhor amigo.

Oba e Israel passam uma tarde de domingo, depois das quatro, arrumando o quarto. Tiram as tranqueiras. Varrem e lavam o piso. Passam aquela mão de tinta nas paredes. A mãe já providenciou uma cortina nova. Obadi trará sua cama, escrivaninha, suas estantes de metal, seu computador. E os livros, claro. Para as roupas, improvisam umas araras com sarrafos que encontraram no fundo do quintal, sob proteção de telhas. Enquanto trabalham na preparação do novo ambiente de Oba, Nino, histérico, pula, corre, late, esbraveja, muitas vezes empacando num determinado lugar, atrapalhando o serviço dos dois amigos.

Meu cúmplice retroativo. Quando estou com você neste quarto de hotel minha vida se desfaz e se refaz. O sentido fica empinado e claro no meio do mundo. Não tinha uma pedra lá. Tinha a maciez de teu corpo sapoti. Te amo com a garra de um leão, mesmo que minha experiência em relacionamento seja nenhuma. Te violento com gosto de sangue. Te sugo até a última gota do teu suor, porque só aqui os retalhos formam uma túnica e com ela vou toureando os surtos de loucura, quando tomo conta do fato concreto. Você é *meu*. És meu, cara, da mesma forma que sou teu. O apocalipse que rugia na fenda de minha janela foi aquietado e aos poucos esboroa-se em nada. Em seu lugar cresce a certeza de uma relação real, de posse segura. Dispenso os devaneios e as utopias românticas que me martirizavam. Agora estamos unidos no mesmo estamento da vida. Inexiste contradição. Remei e você remou e o barco é inteiramente nosso. Fui um devorador de sombras. Agora degusto a luz. A lava que escavou abismos ressecou-se e está transformada numa planície que me permite andar em tua direção. Fim do desamparo, da fragilidade que dominava meus membros. Mergulho na retidão do seu consolo. O mundo em que me sentia hostilizado esfacelou-se e estou no *meu* habitat. Contigo. Em ti. Desemaranhei os nódulos mais complicados a fechar minha garganta. Quando suo contigo, nossos suores formam liga consistente para que o jogo da ausência seja banido do palco.

Estou inflado de orgulho. Na minha conta coloco a arte de te conquistar, te trazer para o meu lado. Ajusto os contrastes com a realidade e em mim mesmo me sinto como alguém que tem alguém ao lado. Com carinho atencioso bordo teu corpo nesta cama, quando nossas carnes se fundem numa declaração compatível com o que sentimos. É como se eu olhasse dentro do teu peito e contemplasse teu coração no mesmo ritmo que o meu, embora sejam nossas mentes que estejam em uníssono. Agregamos nossa força e nosso sentimento e nossa emoção num encontro improvável que se ajusta dia a dia no pacto de nosso futuro que está ao alcance de nossas mãos.

1. "É um ponto mínimo: um gesto, uma palavra, um objeto, uma roupa , alguma coisa insólita que surge (que aponta) de uma região de que eu nunca havia suspeitado antes, e devolve bruscamente o objeto amado a um mundo medíocre. Seria o outro vulgar, ele cuja elegância e originalidade eu incensava com devoção?"

2. "A *atopia* de Sócrates está ligada a *Eros* (Sócrates é cortejado por Alcebíades) e a *Torpedo* (Sócrates eletriza e paralisa Menon). É *atopos* o outro que amo e que me fascina. Não posso classificá-lo, pois ele é precisamente o Único, a Imagem singular que veio milagrosamente responder à especialidade do meu desejo. É a figura da minha verdade; ele não pode estar contido em nenhum estereótipo (que é a verdade dos outros)."

3. "O enamorado delira (ele `desloca o sentimento de valores´), mas seu delírio é tolo. O que pode ser mais tolo que um enamorado? Tão tolo que nenhum deles ousa sustentar publicamente seu discurso sem uma mediação séria: romance, teatro

ou análise (cheios de dedos). O *daïmôn* de Sócrates (aquele que falava primeiro nele) lhe soprava: *não*. Meu *daïmôn* é, ao contrário, minha tolice: assim como o burro de Nietzsche, digo sim a tudo, no terreno do meu amor. Teimo, recuso o aprendizado, repito as mesmas condutas, não posso ser educado – nem posso me educar; meu discurso é continuamente irrefletido; não sei modificá-lo, escaloná-lo, colocar nele pontos de vista, aspas, falo sempre no primeiro grau, me limito a um delírio bem comportado, conforme, discreto, refreado, banalizado pela literatura."

Faço estes apontamentos a partir de Barthes, porque pretendo escrever uma carta a Obadiah e entregá-la em mãos. Preciso fundamentar meu discurso num outro mais consistente, para fugir da vulgaridade, do lugar comum, porque me preocupa escrever sobre o amor sem cair no brega, no sentimental. Como estou bem, quero escrever a carta em clima positivo. Andei folheando vários livros de poesia que me instigassem o pensamento a fim de elaborar um texto positivo, mas é impressionante, não encontro nada. Só se escreve sobre perda, partida, sofrimento, amor não realizado. De fato, é impossível elaborar um discurso quando se está feliz? É só na pulsão virulenta que sai alguma coisa?

Israel tira da mochila algo e mostra a Obadiah:
— Cara, olha só o celular irado que meu velho me deu...
— Ôrra, meu, essa foi de me humilhar. Eu aqui com esse cacareco capenga que mal serve para trocar umas palavras.
— Fique frio. Assim que der, te compro um melhor, pelo menos um que dê para a gente conversar.

— Que gracinha você, né? Sempre com esta mania de samaritano. Se você me fizer uma coisa assim, te quebro a cabeça em mil pedaços e ainda te faço engolir a máquina.

— Puxa vida. É só um presente. Depois de tudo não tenho o direito de dar ao meu companheiro um presente que não seja livro?

— Não tem não. Você e esta mania de me ajudar. Agora, com o trabalho no supermercado, posso me virar bem, sacou?

E alugaram uma Kombi de frete perto do Müller. E foram até a Muricy, onde fica a quitinete de Oba. E encaixotaram os livros em caixas que ele trouxera do supermercado. E embalaram roupas em malas e sacolas de lojas. E cuidaram em levar a estante para não cortar os dedos no aço. E desmontaram a escrivaninha e a cama, deixando-as com aquelas marcas características de mudança. E envolveram o computador em papelão. E entulharam a Kombi de tudo e mais um pouco. E rumaram para Santa Felicidade. E chegando à casa de Israel, o trombolho velho da Kombi desceu devagar até o quintal. E descarregaram tudo na porta do quarto. E Israel falou:

— Agora te vira, Neguinho, que eu não aguento mais.

Israel preparou uma limonada no liquidificador com muito gelo. Serviu-a em dois altos copos de plástico. Desceu. Encontrou Obadi armando a cama.

— Mano velho, toma aí para refrescar.

— Hummmm! Que delícia! Foi você que fez?

— Claro. Não sou tão inútil quanto você pensa. Sei lidar com algo além dos livros.

— Então já pode se casar.
— Bem que eu queria.
— Ôpa, tem alguém em vista?
— Para ser sincero, sim...
— E quem é...
— Alguém. Mas não tenho coragem de chegar e abrir o jogo.
— Por quê?
— É um lance difícil...
— Que difícil nada, é só chegar e soltar o papo...
— Você é que pensa...
— Quer que eu te dê uma ajuda?
— É..., bem que você poderia ajudar a arranjar as coisas...

Os dois, sentados numa das mesas da biblioteca, desfolham uma dissertação de mestrado já bastante manuseada. Oba aponta para um trecho e diz:

— Olha esta afirmação aqui: "Quando, porém, essas histórias de amor acontecem entre rapazes e meninos, alguma tonalidade nova pode surgir na recorrente e esgarçada imagem do amor humano. É que entram em cena todos os tabus, todos os preconceitos e interditos, todos os fetiches criados num universo que até agora vem insistindo em ser organizado segundo os princípios e as necessidades entre os homens e as mulheres." – O que você acha disso, hem?

Israel apenas balança a cabeça e diz:

— Você ainda não viu nada. Esta afirmação é só o início. Eu já li a dissertação inteira. Tem de ver mais para frente.

Obadá vira mais algumas páginas e lê em voz sussurrante:

"Na medida em que a vida dos sentidos é negada, como se constituísse uma anomalia, e todo fator energético é conduzido para o cume dos valores morais e pretensamente divinos, vemos essas determinadas estâncias da vida emolduradas sempre pelos discursos inerentes àquele mundo, a exigir para si a *pureza*, via palavra autoritária da tradição sagrada. E é este discurso, multifacetado, torturante e torturado, abafadiço e escorregadio que, modulado pelos autores, levanta uma aba da cortina. Ele revela-nos, do outro lado, a incrível vivacidade de seres que, além ou aquém do mando oficial, conseguem, ao preço de lágrimas, suores e criatividade, um espaço, ainda que exíguo e sempre ameaçado, para assumir aos pedaços o que a sociedade não quer que eles sejam."

Israel dá um sorriso:

— Não te falei? Vai mais adiante, só por curiosidade.

Com paciência, o estudante pernambucano avança página a página, lendo aqui, saltando ali, até que para.

— Olha só este trecho: "Um homem amar outro homem é sobretudo um desafio às instituições do pensamento, ainda que muitas usem escamas eufemísticas para contornar a esfinge aberta da vigilância inquisitorial. Tal procedimento, variável na História, causará entraves para o questionamento dos nossos meninos."

— Estou te falando! O que você acha, Oba. O Venturelli que escreveu tal dissertação sobre João Silvério Trevisan é ou não é do time?

— Cara, não sei, não. Para mim está parecendo. Mas pode ser só interesse científico: focar um tema pouco estudado no meio acadêmico. Agora, por outro lado, ninguém iria mergulhar num mundo tão maldito se não estivesse procurando uma justificativa para si mesmo. Ou explanar a forma do amor de um homem pelo outro de modo bem contundente, com o objetivo de fazer ultrapassar os preconceitos.

— E se a gente levar em conta o que ele diz nas aulas... Pelos pontos de vista que defende, tenho certeza de que é um elemento da raça dos malditos, como diz Proust. Só não encontrou um jeito de sair do armário.

— É difícil a gente botar a mão no fogo nesta questão. Vai-se lá saber. Tem tantos que dão toda pinta e não são. E o contrário também é verdadeiro... E depois, se ele for do gênero, coitado. Agora que está meio velhinho como vai se arrumar. Pode ter perdido o bonde da vida.

— É, no tempo que era jovem, não havia a abertura e as lutas de hoje. Ficou enfurnado com seus botões e deu no que deu: extravasar tudo numa dissertação de mestrado.

— O mais interessante é que o trabalho não tem um tom acadêmico. Ele parece que escreve com o coração, envolvido com a questão até o último osso.

— O ponto chave. Você acertou direitinho. Lá no fundo tenho minhas certezas a respeito dele. Vai ver que ele tem um caso escondido com algum aluno e por isso tem o empenho para escrever sobre sua experiência?

— Certeza a gente nunca pode ter, senão cai no preconceito. Agora que levanta uma ponta interessante, ele levanta...

— Se você ler o trabalho inteiro, vai encontrar muitas passagens em que ele é poético e escreve com sensibilidade. O que para mim é o suficiente como comprovação de que ele faz uma confissão meio atravessada na sua dissertação.

— É esperar e ver. Pelos livros que ele adotou da literatura contemporânea, podemos tirar uma casquinha. Não esqueça que estão na lista o Noll e o Bernardo Carvalho e ele já declarou que o maior escritor contemporâneo é o Noll.

A vida de Obadiah tornou-se mais corrida. Ao fim das aulas, toma o ônibus para Santa Felicidade, na região do Largo da Ordem, atrás do prédio da antiga Cinemateca, hoje um centro-qualquer-coisa. Junto com Israel, claro. Os dois chegam e almoçam rápido. Enquanto Israel vai ajudar a servir os clientes, Oba toma um banho rápido, veste o terno-uniforme e pega outro ônibus para voltar ao centro. O supermercado em que trabalha fica na Tiradentes. Só volta para casa depois das vinte e duas horas. Como paga uma pequena taxa para cobrir as despesas, mesmo que os pais de Israel tivessem garantido que não queriam nada, sobra um dinheiro a mais: livros, cigarro de melhor marca, roupas, do que estava precisando muito, cinema e teatro sem depender do amigo.

Cheguei ao fim do catatau de 461 páginas que Obadi me deu. Se alguma vez fiquei com a cabeça cheia de teias de aranha, agora mais do que nunca. Sendo honesto, não sei o que pensar. O livro é um autêntico romance homoerótico. Todas as emanações, toda a visão de mundo, toda a vivência existencial de Will se dá a partir do corpo dos rapazes. Nenhuma mulher na jogada. Ele tem 25 anos e frequenta um clube de natação onde encontra parceiros para as suas folias sexuais. No início, está apaixonado por Arthur. Este é negro, como já falei, e alega ter matado um homem. Em pouco tempo, ele desaparece, sem que nada seja comprovado contra ele. Mais para o final, Will, sentindo a sua falta, vai em busca dele na periferia de Londres e é massacrado por um grupo de skinheads. Will logo depois se apaixona por Phil, um garoto loiro (como eu) que trabalha num hotel (eu, na cantina). Ali se encontram em busca de transa. A medula do enredo está centrada em Charles, um aristocrata que pretende contratar Will para escrever sua biografia. Mas tal fato não interessa muito. O que marca é o fato de Arthur ser negro e Phil, loiro e Will ter um relacionamento amoroso com os dois. Não está clara a mensagem? Penso que não devo titubear mais. Chegou a hora. Vou marcar uma saída com Oba no fim de seu expediente. Exponho tudo que sinto. Se for para o céu cair sobre a minha cabeça, que caia. Não vou deixar nada de fora, nem prolongar mais a abertura do jogo. Oba está sendo óbvio com o romance. Pelo menos posso entender assim. Se não for, aí chegará a hora de eu colocá-lo contra a parede e questionar: então, deu o livro com que finalidade?

Escrevi uma carta de sete páginas ao Oba. Levei na minha mochila até a universidade. Não entreguei. É cedo para arroubos.

Nos encontramos na frente do supermercado. O cansaço de Obadi era visível. Tomamos um café no quiosque da Tiradentes. Fomos fumando e andando devagar. Troca de trivialidades. Ao chegarmos ao The Farm, subimos a rampa e conseguimos uma mesa do lado de fora. Pedimos uma cerveja. O brinde de sempre. Oba procurou relaxar:

— E aí, meu Polaquinho, o que se passa para termos uma conversa *séria*?

Meu pomo-de-adão subia e descia.

Fui direto:

— Lembra quando te dei o *Giovanni* e você queria saber a razão?

— Claro. Nem faz tanto tempo assim.

— Eu tentei te passar uma mensagem subliminar.

— Ah, é? Como assim...

— Quis te dizer que certos personagens daquele romance são como eu...

— Como você? Então aquele papo de me homenagear por causa do Baldwin ser negro não passava de conversa fiada?

— Sim. Quer dizer, os personagens são como eu, guardando as devidas proporções, claro. O Giovanni e o David atiram para várias direções. Eu não sou assim.

— E daí?

— E daí? Nada. Mas de certa fora *eu* pertenço àquele mundo.

— Você pertence àquele mundo..., ou seja, você é gay.

— Isto. E estou a fim de você... Quer dizer, sou ligado em você... Quer dizer, gosto de você. Dá para entender?

— Mas eu também gosto de você, qual é a novidade? Não somos amigos?

— É..., só que é mais que gostar, cara. Estou amarrado em você. É estranho dizer tal coisa, mas é verdade. Enfim, resumindo: estou apaixonado...

— Apaixonado? Assim, de repente?

— Que nada, meu. Desde o primeiro ano. Não achava jeito de te dizer por que tinha medo da tua reação. Desde o primeiro ano nada. Desde aquela festa em que a gente se conheceu. Nunca mais tirei você da cabeça. Está dito. Não sei que reação você pode ter.

— Que reação?

— Como que reação? Sei lá..., o que você vai pensar de mim..., aliás, o que você *está* pensando de mim agora. De repente nossa amizade pode ir por água abaixo.

— Sei...

— Sei, sei. E daí, o que você tem a dizer diante de tudo isso, o que você acha...

— Mas o que tenho de achar?

— Oba, com todas as letras: você topa ter um relacionamento comigo, não só de amizade...

— Você está tentando insinuar: sexo?

— Não, não só sexo. Mas acredito que num relacionamento afetivo o sexo seja inevitável.

Oba ficou olhando para o copo. Tomou todo o conteúdo de uma vez.

— Israel, deixa eu te explicar uma coisa. Não sou muito chegado em sexo. Ou melhor, não é que não seja chegado em sexo. Claro que gosto. Só que tenho uma posição muito clara a respeito. Você pode achar caretice. Minha posição vai por esta via: acho que tudo anda vulgarizado, na maior banalização. Se você olhar bem para a sociedade capitalista em que o hedonismo predomina, se você encarar o consumismo, tudo virou mercadoria. Não que o que estou dizendo é novidade. Amor, corpo, sexo. Homem e mulher se tornando objetos descartáveis. Usa uma vez e se parte para outra. Sou contra esses fatos, não quero me envolver nesta onda. Sexo, no meu entender, é consequência. Melhor: é complemento. Melhor ainda: é implemento de algo maior que é o amor. Posso ser o sujeito mais careta do mundo, porém, penso que sexo tem algo de transcendental, não no sentido do espírito, como no sentido mesmo de comunhão com o universo, de interação plena com o outro. Não aceito o ato pelo ato, o sexo pelo sexo, o prazer pelo prazer. Tal coisa leva a gente ao abismo do vazio. Se você não leu ainda o *Amor líquido*, do Bauman, leia e vai entender a minha postura. Não é moralismo. Pode até ser velharia minha, tudo bem, ninguém pensa assim hoje em dia. Todavia, quero que o sexo vá além do corpo, da cama, da função orgânica. Que não seja só um impulso primitivo. Detesto uma aventura epidérmica. Aventuras assim por uma noite e depois se sai por aí cantando de galo ao mundo todo. Quero sexo-comunhão, sacou? Aquela interação plena entre dois que se amam e que não dá para botar em palavras. Se você olhar a sociedade de hoje, em especial a mídia, tudo é xota, caralho, bunda. Parece que todo mundo é obrigado a trepar. Minha impressão é de que não fazem, nem querem outra coisa. Prefiro respirar com liberdade e ser como sou, sem ter que cumprir papel pré-determinado, sem me sujeitar a ser peça no jogo de outros...

— Espera aí, Oba. Por que todo um sermão sobre sexo se não é de tal assunto que estou falando? Você não entendeu o que eu disse: *eu te amo* e a situação é mais complexa que fazer sexo. Tem muitos outros elementos em jogo.

— Calma, aí. Deixa eu terminar. O amor vem em primeiro lugar, na minha visão. O sexo é aquela substância que dá a liga, entendeu...

— Calma, aí, você. Obadi, você é surdo, se faz de surdo ou quer dar uma de besta comigo? Já te falei que a questão para mim é o amor. Não sou contra suas posições. Pelo contrário. Reafirmo: eu te amo, quero ficar com você, quero que você seja o sentido de minha vida e falar assim não remete necessariamente a sexo.

— Certo, certo. Não estou me fazendo de surdo. Só quero deixar as coisas bem claras entre nós. Outro detalhe: tenho pouca experiência no ramo. Lá em Recife, transei com umas minas e não vou ser fariseu, com uns garotos também. Tudo frustrante, tudo amargo, nada que tenha deixado lastro na minha vida, que tenha me feito crescer, está entendendo? E dispenso repetir a dose.

— Puxa, que visão você faz de mim? Acha que estou querendo uma aventura com você e mais nada? Que quero me aproveitar de um quase-virgem, pular da cama e me mandar. Não é assim. Estou em busca de um relacionamento sério com você e vou bater na mesma tecla de novo: aprovo as suas posições. É ótimo que você pense assim, porque me dá a segurança de que não serei apenas um objeto de uso...

— E como seria um relacionamento sério?

— Sei lá! É o tipo da coisa que não dá para prever. A gente vai construindo junto. Um chavão: na vida não tem fórmula pronta. Vamos ficando, conversando e aí vemos que rumo a coisa toma...

— E se não rolar?

— Azar meu. Saio perdendo um monte. Porque tenho absoluta certeza que meu amor por você é assunto sério. Nenhuma brincadeirinha de pivete. Ou seja: meu objetivo é construir a vida com você.

— Foi por tal razão que me levou a morar na tua casa?

— NÃO! Aí foi só vontade de ajudar mesmo.

— Você achou que a proximidade iria facilitar as coisas?

— Nunca pensei nisto...

— Sei não.

— Porra, cara. Pelo menos confia uma vez em mim. Acha que é fácil estar falando o que estou falando? Olha o meu suor. A camiseta empapada. Um suor gelado, de desespero. Estou me abrindo por inteiro...

— Se a gente ficar juntos, como tua família vai reagir, o racista do teu pai?

— Não tenho a mínima ideia. Mas há algum tempo venho pensando em sair do armário, me assumir diante deles do jeito que for, e que venha a tempestade.

— Você tem coragem para tanto?

— Sozinho, não. Com você ao meu lado, a certeza é maior.

— Polaco, você tem consciência do que está me propondo?

— Total! Planejo a conversa há meses. Venho amadurecendo a ideia faz tempo. Depois que você me deu *A biblioteca da piscina*, aí me enchi de coragem. Pensei que fosse uma mensagem de tua parte. Afinal, o Will se apaixona por um negro e por um loiro feito eu.

— Você não está trazendo a literatura para a realidade?

— Pelo contrário: estou usando a literatura para *entender* a realidade. E confesso uma coisa: pelo que te conheço, pela cabeça que você tem, achava que seria tudo muito mais fácil...

— Você pensou que eu ia topar a parada na primeira...

— Não bem assim. Achava que você seria mais maleável, que iria facilitar as coisas.

— E o que tem para facilitar num processo com esta *cantada*?

— O que tem? Você dizer: Israel, topo ficar com você. Ou, Israel, esta não é a minha praia. Continuemos só amigos. Veja, estamos falando um tempão e você não definiu nada ainda. Não sei qual é a sua...

— Qual é a minha? Não é tão simples...

— Eu que o diga! Estou aqui gelado e tremendo, nem consegui beber a cerveja. Mas, acho que tudo depende das cabeças. E nós dois somos cabeças abertas, vivemos viajando na literatura, assim, pensei que encontraria eco em você se fosse sincero...

— Viajamos na literatura. Certo. Não é uma viagem literária que você está pronto a fazer?

— Nada a ver. A literatura tem me ajudado a dissolver certos nós dentro de mim, por um lado. Por outro, complica tudo. Foi por esta razão que entendi o livro que você me deu como uma puxada no fio da meada.

— Está bem. Então como ficamos?

— E eu sei? Abri o jogo. Agora é com você. E até agora você não definiu nada.

— Vou confessar outra coisa: acho você um tipão, bonito pra cacete e como as meninas vivem te rodeando, tinha certeza de que você era o maior galinha.

— Nunca falamos desses assuntos!

— Por isso mesmo. Achava que você era reservado, que não queria me contar tudo o que apronta por aí.

— Eu é que confesso agora: nunca saí com ninguém. Nem rapaz, nem guria.

— Você é *virgem*?

— Do pé à cabeça.

— Melhor assim.

— Por quê?

— Temia que você fosse um escroto vulgarzão que usava a literatura para cantar as garotas.

— Porra, meu. Que visão! Parece que no tempo em que somos amigos, você não me conheceu nada.

— A história de conhecer alguém é outra falácia, meu. Ninguém conhece ninguém.

— Quem convive como nós, pode pelo menos ter uma noção mais clara do que o outro é.

— Talvez. A gente convive, só que nunca me passou pela cabeça que teu barco quisesse chegar no meu porto. E praticamente nossas conversas giram só em torno de livros, escritores...

— Uma forma de eu encobrir o que sinto. E não é só o meu barco que deseja aportar. É a tripulação inteira.

— Então, o que fazemos? Tomamos um porre e fingimos que esta conversa não aconteceu ou...

— Ou...

— Vixi! Nem sei para que direção olhar.

— Olha em minha direção.

— Não é fácil.

— Eu sei, cara. Se fosse fácil teria sido mais direto com você há muito tempo. Você pelo menos me dá uma esperança?

— Esperança, como? Há um imbróglio sem tamanho dentro de minha cabeça. Preciso de um tempo para pensar, pesar as coisas. Todos os fatos que você apontou envolvem compromisso e quero estar preparado. Fui pego num sem-pulo.

— Só uma coisa a mais: você já transou com guria e com rapaz. Você é bissexual?

— Taí algo em que nunca pensei. Não esquento com a parada de rótulos, convenções, esquemas de comportamento.

Fui no embalo do momento, meio na inconsequência e me arrependo...

— Se arrepende?

— Claro! Tudo uma puta gratuidade. Por isso que estou ponderando. Prefiro nunca mais repetir a dose, se é para me sentir tão vazio como daquelas vezes.

— Certo você. Longe de mim qualquer gratuidade. Pretendo uma relação séria.

— Séria tipo o quê?

— Lá vem você de novo. Roda, roda e para no mesmo ponto. Você não sabe o que é uma relação séria? Ingênuo sei que você não é. No meu entender, uma relação séria é quando dois estão juntos construindo algo, abrindo um caminho no meio da loucura humana. Relação séria? Por exemplo: ficar com você para sempre...Ah, sei lá. Não tenho experiência nenhuma no assunto. Muito mais dúvida, do que certeza.

— Seremos a dupla café-com-leite. E não somos novos demais diante de tamanho desafio?

— Agora é você que está sendo vulgar. Nada de dupla. E se somos jovens, ótimo. Dá mais tempo ao amadurecimento, ao conhecimento um do outro, principalmente podemos superar a bobagem de dupla. Cor de pele passa longe de tudo o que estou te colocando. Amo você, o Obadiah. Negro, vermelho, azul, verde tanto faz e pouco me importa.

— Você falou antes em relacionamento sério. Quer dizer: você sai da sua casa, eu saio da sua casa. Aí vamos a outro lugar. O que significa: temos de comprar sofás, geladeira, mesa, cadeiras, cama, toalhas etc., etc. Com o que nós ganhamos não vamos dar conta de pagar a conta.

— Calma, lá, meu Neguinho. Até chegar neste ponto, muito tem de acontecer. Não coma a fruta antes de descascar a bichinha. Nunca coloquei tal ordem na minha cabeça.

— Israel, eu te quero muito bem. Amo até. Nunca encontrei um sujeito tão despojado e tão entregue como você, quando se trata de me ajudar, mesmo que eu nem precise de tanta ajuda. Você sempre me sensibilizou muito com tua disponibilidade e me marcou para o resto da vida. Você é dos caras que a gente nunca esquece.

— Ótimo. Então qual é o veredito. Você vai e volta e não diz se aceita ou não.

— Ufa! Estava totalmente despreparado para um papo de natureza tão complexa. E estou perplexo.

— Perplexo? Por quê? Uma relação homoafetiva é tão fora de esquadro assim a ponto de te causar perplexidade?

— Não. Já te falei. Cago e ando para as convenções. Só não esperava uma bomba de tal magnitude cair no meu colo.

— Uma bomba? Noutras palavras: você está me mandando andar...

— Não coloque na minha boca palavras que eu não disse.

— O que você está dizendo, pode ser mais claro?

— Perplexo. Só perplexo. Afinal, é um rumo que eu não havia previsto...

— Se sou alguém que você nunca vai esquecer, me ama *até*, não falta tanto assim para uma definição mais adequada.

— Quando a cabeça está zoando não dá para decidir nada.

— E quando a zoada vai ter fim?

— Vou saber...

— Por toda a sua enrolação, estou entendendo que você não quer nada comigo.

— Outra vez concluindo o que eu não disse.

— Diga de uma vez, então.

— Polaco, não me apresse. Deixe eu juntar as peças do quebra-cabeça.

— Santa Pafúncia. Não vejo quebra-cabeça nenhum. Só uma história de um cara que gosta de outro cara e este outro cara enrola, enrola sem dizer nada.

— Você não acha que estamos rodando em torno do mesmo ponto?

— Eu acho. É o que me faz ficar mais agoniado ainda. Afinal, como fica a *nossa* questão?

— Como eu te falei, a cabeça está um fogo só. Me dá um tempo. Tem muita linha cruzada aí, muitas variantes. Preciso processar a novidade, pois no fundo tudo se resume a uma NO-VI-DA-DE.

— E para processar a novidade leva muito tempo?

— E como posso saber? Nem tenho certeza de que ouvi tudo o que ouvi.

— Pode ter certeza. OUVIU. Eu FALEI. Você ouviu, sim. Miragem só no deserto.

— Se eu te falar que a sensação é bem assim: MI-RA-GEM...

— Não é. Tudo é muito concreto e real. Resumo da ópera: eu te amo e quero saber se você pode corresponder.

— Calma, calma. Nada de precipitações. Preciso de um tempo. Você me dá um tempo? Quero metabolizar tudo direitinho.

Renato Russo preenche os vácuos. As sombras do quarto se distendem sobre os móveis.

Nos cartazes que Israel tem nos vãos das paredes as cores parecem avivadas.

É a música que as transforma em tonalidades de chegança. O porto-seguro do quarto.

Ali onde ele se recolhe para ler, escrever. Em especial lembrar. Os olhos esgazeados de Oba o seguiam. O seguem.

Materializam-se em cada contorno dos objetos. Os olhos cor de mel. Os olhos levemente repuxados.

Neles eu posso me alimentar. Ali se concentram as linhas de sentido do mundo. O que é substância e densidade se evola daquelas duas pepitas.

Os olhos de Obadiah ultrapassando os desertos do cotidiano, trazendo para o cotidiano o centro do mundo.

Nada mais intenso. Subjacente a eles há expressão suplicante por amor. Eles também me fazem a oferta mútua de companheirismo.

O quarto na penumbra. Aquático. Palpável ao toque. Quase como um investimento do corpo.

Israel cantarola: "scrivimi/ quando Il vento avrà spogliato gli aberi/ Gli altri sono andati al cinema...".

Ontem fomos ver na Cinemateca "A morte em Veneza". Não gostei de Tadzio. O ator é muito efeminado, muito lambido.

Parece um caniço. Não tem a força mágica do garoto do livro. Nas páginas ele é na real fator de paixão, doença e morte.

No filme, tem uma languidez preguiçosa. Feito um fantoche maquiado para satisfazer as fantasias do diretor.

Uma lubricidade doentia. Uma infantilidade num corpo em que ela não cabe mais. Um garoto sem luz própria.

Incapaz de arremeter as fisgadas da paixão num velho artista cansado. Um boneco móvel.

Sem aura, sem apelo, sem trepidação. Sem o atavismo das surpresas. Esmaecido numa inocência incômoda, deslocada.

Emanava dele apenas o desconforto de ver o olhar do outro. Fungível, deletério, carregado de uma aderência pegajosa a não oferecer vida.

Um garoto voltado para dentro. Como se fosse feito de cacos de um vitral que não combinam entre si.

Falível nele mesmo, em lugar de transmitir esta falência para o outro. Desconfortável dentro de seu corpo.

Dentro daquele ridículo maiô de praia listrado. Toda a vestimenta a revelar o que o apaixonado não podia ver.

Sombrio o ator, quando Tadzio é luz intensa, é magnetismo, é sutil em sua sensualidade adolescente a se espargir pelo mundo.

Tadzio, o de Mann, capta a fulguração do mundo, para devolvê-la a Von Aschenbach e ali transfigurar-se numa impossibilidade.

O de Visconti rejeita-a. É impermeável ao inflar de pensamentos que se centram nele como se ele fosse o único ser da Terra.

Como se ele fosse o único ser da Terra a maleabilidade de seu contorno tem a segurança de quem sabe de si.

No romance, o garoto é fibra de sons e sentidos inoculados no velho que o pastoreia com olhos famintos.

Não apresenta nenhum ruído visual como no filme. Aquela malemolência, aquele besuntão de quem nem sabe se quer ir ou ficar.

Os cabelos lisos são sebosos. Há muito não lavados. O olhar flácido sempre pendendo ao sabor da gravidade.

Sem peso próprio, sem carnalidade de adolescente sensual que parece pressentir o colapso do outro.

Desestabilizado do centro próprio. Inócuo. Permissível. Rende-se ao ambiente de luxo como um boneco de louça com a cara nacarada...

Nisto Israel é cortado de seu devaneio:

— Israeeeelllll – um grito agudo do pai.

Ele sai do quarto contrafeito.

— O que foi, pai? Precisa gritar desse jeito?

— Preciso que você vá fazer as compras pra cantina.

— Tudo bem. Só que doutra vez, não precisa fazer meu coração saltar pela boca.

— Tá aqui a lista de tudo. Mas pelo amor de deus. Presta atenção nas marcas. Não vá me comprar aquele macarrão da outra vez, que ficou todo empapuçado e ninguém quis comer. Só me deu prejuízo.

— Pode deixar, pai. Vou prestar atenção.

Pega a caminhonete. Sai de ré. Vai subindo a pequena encosta devagar até chegar na avenida. Um rápido pensamento corta sua mente. Poderia ir até o supermercado onde Obadi trabalha. E fazer as compras lá. Mas dá rolo. O pai vai perceber pelas notas que não é o de sempre, onde ele ganha desconto. E vai me encher o saco. Além disto, está na cara que iria desconfiar e fazer maior pressão do que já vem fazendo. Mesmo que Oba aos domingos dê uma mão nos trabalhos da cantina, o pai está incomodado com sua presença. Oba paga uma taxa como pensão. O que acho um exagero, porque nem acabei lhe ajudando tanto assim como eu pretendia. A vantagem é que tem tudo aqui. Se alimenta bem. Não precisa frequentar restaurantes onde comia por quilo. E tem seu espaço só para ele. Pode ficar mais livre. Curtir o seu mundo sem a interferência de ninguém. E aqui tudo está à mão. Em nossas conversas, ele se mostra satisfeito. Se dá bem com a mãe. Ela superou todas as reservas. Vem tratando-o como outro filho. É carinhosa com ele. Atenciosa. Sempre leva uns docinhos e outros quitutes para ele. Até o micro-ondas velho ela doou para ele esquentar qualquer coisa quando precisa. Ao chegar do supermercado, ele sempre encontra um prato feito e quente que ela prepara para ele. Isto me consola. Vê-lo bem me dá mais firmeza no costado. Detestaria pensar que Oba pudesse estar passando dificuldades. Mas com o que ganha no supermercado (não faço a mínima ideia do quanto é seu salário), mais o que a tia lhe manda, acredito que ele não se aperta tanto. Eu é que sou meio paranoico e fico metendo preocupações na cabeça. Certamente sem necessidade. E se fosse preciso lhe passar o que recebo do pai, não duvidaria um minuto. Por ele corto os braços, as pernas. Tudo o que há para cortar em mim. Cada vez o adoro mais. Estou impregnado por ele. É como se meu sangue corresse por meio das veias dele. Preciso dele. Só ao seu lado meu mundo faz sentido. Não sei o que será de nós. Estou esperando sua manifestação. Melhor: sua resposta. Melhor: sua opção. Melhor: seu sim. Se não vier, meu universo ficará toldado. Só sei pensar nele. Meus influxos vêm todos de sua parte. Minha matéria de vida, de cotidiano está eivada por ele. É minha primeira paixão. Nunca passara por este portal. Morro de medo de ser rejeitado. De não obter o quanto anseio. Se Obadi não me quiser, sei lá onde colocar minhas tralhas. Uma tempestade perversa se agita dentro de mim. Aquela história de ele ter transado com garotas e rapazes me angustia. Ele se recusou a se definir. Talvez jogue nos dois campos. O que será péssimo para mim. Sou possessivo. Não consigo me imaginar numa relação com ele, e ele saindo com gurias. Me trinca o cérebro. Causa um desconforto tão absoluto que nem respirar consigo. Oba é meu. Terá de ser meu, rei no meu reino. Sua dúvida ou indeterminação talvez seja saudável. Porque quando ele se decidir será para valer. Ele não virá em busca de aventura, o que rejeita. Virá porque todo o ser dele optou por mim. E aí terá de ser na exclusividade. Sem reparti-lo com ninguém. Renego esta história de parceria aberta. Que meu companheiro saia com outras ou outros. Nesta sou das antigas. Me defronto com monstros só de suspeitar que ele possa estar na cama com alguém. Há um romantismo empertigado em mim. Quero-o por inteiro. Corpo e alma. A ansiedade que me corrói me deixa em certa apatia. Nas aulas, evitamos conversar sobre o assunto. Somos os amigos de sempre. Ele não me dá a mínima deixa para eu prever a próxima cena. Amigos, na leveza de sempre. E eu não faço pressão porque não é o meu feitio. Que ele decida firme. Convicto. Com clareza. E que decida por mim. Acho que mereço viver um amor por completo. Farei tudo para a liga nunca desmanchar. Deve ser para sempre. Para toda a vida. Quero viver imerso nele. Ele será o motor da minha luz, do meu calor. A vida estará centrada nele. Inteiriça. Tudo com ele. Tudo a partir dele. Não vejo outra forma de viver um relacionamento. Com o batalhão de minhas garras vou me ater a ele, mergulhar até sua medula. Quero transfusão. Simbiose. Complementação madura para inteirar-me da vida e ser *com* ele, sem nenhuma frincha entre nós dois.

Meu pai conferiu as compras. Tudo em cima. Ufa! Ufa! Ufa!

Combinei com Oba de eu pegar emprestado o carro do meu pai e irmos passar seu domingo de folga no Salto dos Macacos. Foi fácil. A estrada era bem sinalizada. Chegamos cedo. Lá pelas nove horas. Ninguém por perto. Como havia chovido muito nos últimos dias, a cachoeira estava gorda. Um mundaréu de água. E o mato em torno. E os pássaros. Aquela paz. Aquele estar longe de tudo e no centro de algo que não entendemos bem. O cheiro da floresta era como se um manto nos cobrisse de verde. O cheiro era verde, com resquícios de galhos, raízes, filtros silvestres.

Exploramos algumas trilhas até chegar ao alto da cachoeira. Ela forma um declive longo até se despejar no espaço, naquela música de choque entre água e pedra. A magnanimidade da natureza, seu enleio, sua forma de ser rude e acolhedora ao mesmo tempo. Os mosquitos impedindo que ali fosse o paraíso.

Havia ao redor um senso de permanência, de algo intocado a merecer preservação, a merecer encantamento, a merecer nossa devotada escavação em nós mesmos, inflados pela beleza.

Oba dava gritos histéricos. Abria os braços e urrava. Seu entusiasmo me contaminou um pouco. Em verdade, eu estava preocupado. Sabia que ali, naquela lonjura do mundo, naquele convite ao recolhimento, haveríamos de ter uma conversa séria. Algo em mim murmurava nos subterrâneos da alma. Obadi ia se aproveitar de toda aquela quietude, tendo como fundo o entoar da água, para me chamar a uma conversa ao pé do ouvido.

Os seus dados seriam lançados em complemento ou não aos meus. Procurei desencucar. Atravessamos o declive de um lado para outro. Cuidado para não escorregar e ser levado pela corrente rumo ao despenhadeiro. Catamos galhos e soltamos no burburinho de espuma.

Depois descemos. Ao cair, a água formava uma lagoa convidativa. Oba não teve dúvida. Tirou a roupa e mergulhou. Pela primeira vez vi seu corpo nu. O esplendor do esplendor. Ele é magro, contudo, seus músculos são bem marcados num delineio pedindo mão. Um corpo de nadador. O que mais me chamou a atenção foi sua cintura pélvica. Uma linha profundamente bem demarcada, como se tracejada com buril. Ele espanejava na água. Batia as mãos feito louco e mais e mais gritava, me incitando a também entrar na lagoa.

Confesso que me senti inibido. Uma súbita vulnerabilidade em me despir diante dele. Depois, vi que precisava de descontração. E também mergulhei. Claro, ele logo se aproximou para empurrar minha cabeça por baixo das ondas quase concêntricas. Perguntei se sua intenção era me matar. Ele riu, dizendo: por enquanto, não; só mais tarde. Nadamos, mergulhamos, fizemos apostas de quem ficava mais tempo sob a superfície. Moleques. Nem parecíamos dois marmanjos de 21 anos. Universitários. Metidos a intelectuais.

A água era tão cristalina que podia ser bebida. Víamos nossos pés. Em consequência, eu podia enxergar todo o corpo de Oba revelado no espelho verde e translúcido. Não queria prestar atenção nele. De certo modo, era como profanar algo, rasgar um véu que só traria a revelação de um mistério que me faria sofrer. Me distraía com os mergulhos e as braçadas.

A névoa que subia da lagoa deixava tudo empapado de umidade. Obadi luzia. As gotas ficavam rolando sobre sua carapinha, sem penetrá-la. Brinquei com ele: você tem um monte de pequenos diamantes sobre o cabelo. Ele passou a mão repetidas vezes para frente e para trás, rindo muito. Uf! Assim é bom, cabelo de nego não morre afogado.

Eu percebia uma insatisfação comigo mesmo se insinuando dentro de mim. Meio desconfortável. Eu, meio deslocado. A vontade era mesmo agarrar aquele corpo, beijar aquela boca. Precisei me controlar para não ficar excitado. Seria um vexame só. Seria uma atitude de submissão a alguém de quem desconhecia o que havia decidido em relação a mim. Naquele exato momento, enquanto seu corpo luzidio era uma chama viva a exercer apelo sobre minha atenção, ele mesmo podia estar sentindo o maior desprezo em relação ao meu corpo branco, quase leitoso. Ou podia estar me testando. Será que esperava uma investida minha? Será que controlava meus olhos? Será que toparia uma aventura pela aventura, como fizera em Recife? Não, não. Seus princípios sobre a questão ficaram muitos claros naquela nossa conversa. Ele renega atender qualquer compulsão meramente imediatista. Ele quer a substância, não o osso.

Ofuscado por estes pensamentos, nem vi que ele tinha saído e estava deitado sobre uma pedra, tomando sol. Vou me secar, ele gritou. Fiquei ainda um tempo por aí. De viés, olhava suas formas, aquela bênção de escultura humana que eu amava desde sempre. De repente, a paz me inundou. Deixei de ouvir os barulhos do entorno. Me afastei da presença de Oba. Mergulhei como se dentro de uma bolha feita de matéria estranha que me impedia o contato com a realidade. Tudo ficou distanciado de mim. Eu em mim mesmo. Eu comigo. Sentia meu coração acelerado. O sangue nas veias. O ar entrando pelas narinas. Os cachos do cabelo pendendo sobre a testa, sobre as orelhas, a nuca. Minha respiração seguia um ritmo diverso do habitual. Eu estava em mim e, ao mesmo tempo, afastado de mim. Me vi lá de longe. Lá do cimo das árvores. A água aquecida pelo sol era de uma materialidade densa, meio oleosa, que se prendia aos meus poros, como algo seminal a inaugurar uma fase nova. Vi bem visto: a ansiedade tomava conta de mim. Eu estava em expectativa. Vivia um momento divagante. Um efeito desestabilizador sobre mim. Minha mente como um barco com infiltração. Debilitado e extasiado rendia-me à não-paz. Tenso, eu via a vida voltar com uma glória murcha e instigante. O animal que vai dar o bote. Ou o que vai recebê-lo. De repente percebi que nada importava. Se Oba não me quisesse eu haveria de esquecê-lo. Encontraria outro. Mesmo sem sua perfeição. Mesmo sem o conjunto de qualidades que ele expunha ao mundo em tantos ângulos. Foi aí que ouvi ele me chamar:

— Polaquinho, vem aqui. Deita no meu lado. O sol está o maior barato. Morno.

Algo se trincou em meu cérebro. Eu parecia sovado pelas fantasias e contradições. Com dificuldade de voltar ao real. Não querendo mais me desapegar do real. Disfarcei:

— Já vou.

Fui até o lugar onde deixara minhas roupas e vesti a cueca. Aí deitei ao seu lado. Ele passou a mão pelo meu peito, dizendo:

— E aí, Galeguinho. O que se passa por esta cabeça. Garanto que lá dentro não é tão lisinho como aqui fora...

Dei um tempo. Não queria falar. De alguma forma, as palavras ali não tinham nada a ver. Ao mesmo tempo, queria falar tudo, repetir tudo, reformular tudo. Ficar e fugir. Expor para ele as noções que eu tinha a respeito do amor. Contar como eu havia escrito dezenas de poemas em sua intenção. Os pensamentos que acumulara a partir de leituras. Porém, de verdade, eu não queria falar. Eu queria ouvir. Precisava muito de ouvir, desde que sentira o calor da mão dele sobre o meu peito.

Obadá pigarreou e cantarolou alguma coisa. Perguntei:
— Que música é essa?
— Sei lá. Veio agora. Acho que é da Dayane Krall. Estava ouvindo ontem à noite, antes de dormir.
— Ah...
Lembrei de que Whitman fala da aderência do amor. Fundir. Enlaçar. Agregar. Uma certa dor comprimia meu estômago. Quase uma náusea. Quase uma vontade de fugir dali e nunca mais vê-lo. Me meter no mato e comer folhas, beber a seiva dos troncos. Amargor. Uma vontade pantagruélica de abraçá-lo, de retê-lo em mim, de me transformar num só com aquela *coisa* querida ali ao meu lado. Ah, a mão dele outra vez percorrendo meu peito. Por que não? Eu me sentiria purgado pelo resto da vida.

Ele mexeu em meus cabelos e voltou a falar:
— Daí, Polaco. Por que tão calado?
— Nada! Só estou aqui pensando, cercado por todos os verdes...
— Pensando em quê?
— Para falar a verdade, não saberia dizer em quê. O turbilhão de sempre. Lances que vêm e que vão. Nada fica retido por mais de um segundo. Confusões.

Ele riu e se deitou de lado, em minha direção. Mesmo sem querer, vi o movimento de seu sexo se reclinando sobre a pedra.
— Está a fim de conversar?
— Sobre o quê?
— Sei lá. Trocar umas cartas. Jogar conversa fora.
— E a gente tem feito outra coisa?
— É. Só para não perder o costume.

Ele prendeu um rolo de meu cabelo entre os dedos e ficou brincando com ele.

— Carneirinho. A cabeça por dentro deve ter os mesmos cacheados, não tem?

— Acho que maiores. Lá dentro nada é diminutivo.

— Por que será que as coisas são complicadas?

— Que coisas?

— Tudo. A vida, o mundo, o trabalho, a bosta da universidade, nós, os amigos, poucos por sinal. Eu. Você. Você *e* eu.

Seu magnetismo pessoal foi me aferroando como uma abelha gigante. Eu resistiria. Sem me derreter numa hora dessas. Se ele estava procurando pretexto para conversa séria, não seria eu a dar tal pretexto. Não foi preciso. Ele se sentou de repente e confortável em sua nudez:

— Israel, quero falar sobre nós. Sobre o que venho pensando. Sobre o que você me contou noutro dia. Trocar uns pontos de vista. Meu peito anda num maremoto que nem sei. Chegou a hora de botar as barcas no ancoradouro. Está a fim?

Ele esticou o corpo até a mochila, a fim de pegar os cigarros, e não pude deixar de ver seu sexo caindo pesado sobre a coxa esquerda. Seus pelos eram encaracolados, mais para o miudinho, como os de sua cabeça. Acendeu dois cigarros e me passou um deles.

Também me sentei. Abraçado aos meus joelhos.

— Claro. É óbvio que a gente precisa conversar. Definir uns pontos.

— Exato. Definir. Este é o problema: definir. Quem há de? E se a gente define algo não perde este algo? Goethe dizia que definir é limitar.

Virei o rosto em sua direção. Eu sentia a simetria oculta das coisas. Mentira. Eu sentia a simetria perfeita entre nós dois. Tudo conspirava para a gente se encontrar. Ele que veio lá de longe. Eu aqui. Tudo conspirava para a gente se inteirar aqui, nesta hora, neste estado, sem que se perdesse nenhum segundo. Recostando a face esquerda sobre meus joelhos eu encarei Oba:

— Pouco me importa se a definição limita. Desde que ela venha clara – quando falei, minha voz estava rouca. – Se ela vier clara, ela alarga as coisas.

— Na verdade, cara, tudo é conflitante e ao mesmo tempo não é. Acho que depende da nossa cabeça. Pensei, pensei, pensei. Até que cheguei a uma conclusão: não há muito em que pensar. Eu também te amo. Estou a fim de ficar com você.

E sem eu esperar, ele agarrou meu pescoço, puxou minha cabeça em direção à sua e me tascou um beijo na boca. Um beijo sumarento, devorador, cheio de seiva. Um beijo de quem não aguenta mais algumas picuinhas da vida. Rolamos para dentro da lagoa. Ele agarrou meu pau e continuou me beijando. Então eu me abaixei e, enquanto o ar reservado nos pulmões me permitiu, suguei o seu. Chupei, mamei, até precisar voltar à tona e respirar. Agarrado a mim, ele gozou primeiro, prendendo-se a meu corpo como se pedisse socorro. E quando chegou a minha vez, compreendi o que é o inferno com nuances de céu, de terra, de estrume, de madureza, de perfeição.

Eu estava de pé, abraçado a Oba. Nossos peitos colados. Vi nossa seiva boiando na água verde. Aquela gosma vital rodopiando lentamente ao ritmo das ondas que fazíamos com nosso movimento. Ele zarpou sua língua até minha garganta. Depois foi minha vez. Apesar do gozo, nossos paus continuavam empinados e se esfregavam, tendo a água como amaciante. Mordi seus lábios portentosos. Ele foi descendo a língua pelo meu pescoço, até chegar aos mamilos.

— Polaquinho! Filho de uma puta de lindeza.
— Neguinho! Caralho de beleza é você, seu bruxo.

Em torno de nós as pequenas gotas brancas rodopiavam. Parecia que não queriam nos abandonar. Abandonar a fonte de onde vinham.

Entrelaçamos nossas pernas. Ele foi descendo mais. Até colocar a cabeça sob a superfície e me chupar. Eu me imantei à cabeça dele. Com os dedos crispados, me agarrei ao seu cabelo curtinho e acompanhava seus movimentos de sugar, sugar.

Ele subiu para respirar. Tomou um hausto profundo. Do meu peito também brotou um suspiro de agonia e prazer. Eu estava gozando mais uma vez e poluía a água com minha ejaculação. Oba agarrou-se aos meus ombros e gemeu como se chorasse, uma convulsão de frêmito em seu corpo. Aos soluços ele falou:

— Lá vou eu mais uma vez.

Sexo. Pela primeira vez. Era assim? Um prazer a esticar os nervos e a encolhê-los num lance de êxtase e transcendência.

— Eu te amo.
— Me too.

Me senti feliz.

O mundo é.

A vida é.

Eu sou.

Eu sou *com* Obadi.

Na segunda-feira, quando estávamos tomando o café da manhã, comecei a sentir uma dor de cabeça terrível. Na têmpora esquerda. Meu cérebro se retalhava a facadas límpidas, coruscantes. Falei:

— Não vou para a universidade hoje.

Minha mãe perguntou:

— Por quê, filho?

— Estou com uma dor de cabeça do cão.

Oba me olhou sério:

— Não vai mesmo? Pode deixar que eu aviso os professores.

Quando ele saiu, voltei para a cama.

Mamãe veio com um chá de camomila. Pedi que ela fechasse as cortinas. Não suportava a claridade.

— Ih, filho. Isso é enxaqueca. Vou preparar umas batatas fatiadas pra botar na tua testa. A batata tem o poder de puxar a dor.

Não demorou muito e logo ela trouxe a tal batata. Foi colocando cada rodela uma ao lado da outra, de têmpora a têmpora. O cheiro era enjoativo. Depois ela amarrou um pano bem apertado em torno da cabeça.

— Vai passar logo.

Mas não passava.

Lá pelas dez horas, comecei a urrar de dor.

Ela ligou para o Dr. César. Não havia vaga. Sua secretária deu um jeito de me encaixar antes do meio-dia, no horário de almoço do médico.

Oba ligou:

— Cara, como você está indo?

— Mal, Oba. Parece que meus olhos vão saltar das órbitas.

— Para com isso, amigo. Quer que eu volte para te dar uma força?

— Obrigado. Não precisa. Minha mãe já falou com o médico e estamos indo ao consultório.

— Cara, seja sincero. Será que tem a ver com o que aconteceu ontem?

— Acho que não. Só se for a descompressão depois de tanto tempo de tensão. Mas não se preocupe. O ontem foi ótimo. Vai ficar na história de minha vida.

Para subir a escadaria do consultório eu tinha a impressão de receber marretadas no lado do crânio. Imenso enjoo e vontade de vomitar.

Dr. César, com o bom humor de sempre, nos recebeu. Nem sentamos no seu consultório. Me levou direto para a salinha de exames. Pediu que eu ficasse só de cueca.

Foi me examinando com aquela meticulosidade que só ele tem. Tirou a pressão. Mediu a febre. Colocou a pequena espátula na língua, pedindo que eu dissesse ahhh, ahhh, ahhh. Auscultou meu coração. Apertou por todo o corpo. Alguma dor? E a diaba da cabeça em fogo. Batucou ao longo dos ossos. Minha mãe ali ao lado. Olhando ansiosa. O médico pediu que eu me sentasse. Diga 33. Fez exame de fundo de olho. Testou meus reflexos. Lavou as mão, dizendo que eu poderia me vestir. Saiu com a mãe. Enquanto isso, ouvi ele batendo com sua máquina elétrica em minha ficha, enquanto conversava com mamãe.

Me sentei diante de sua mesa.

— Tudo está normal. As funções orgânicas em perfeito estado. Você deve estar passando por uma situação de estresse. Ou teve uma crise de ansiedade. Vou te receitar uma solução natural, criada pelos franceses. É a conjunção de três florais. Você toma trinta gotas, duas vezes ao dia. Qualquer coisa, volte a fazer contato. E me prescreveu Ponstan, 500 mg. Com este remédio a dor passaria em quinze minutos.

 Com a secretária, a mãe pagou os 450 da consulta. Saímos. As veias do lado esquerdo da cabeça latejavam. Já na rua, não aguentei mais e vomitei. Mamãe me passou um lenço. Ligou o carro e paramos na primeira farmácia. Tomei o comprimido ali mesmo. Depois fomos a um local de manipulação e eu entreguei a receita:

Tintura Valeriana

Tintura Passiflora

Tintura Crataegus

Vol. 50 mg.

Tome 30 gotas 2 x ao dia

E o rabisco da assinatura, sobre a qual o carimbo do doutor. Chegamos em casa e o ritmo bate-estaca da têmpora arrefecia. Oba estava nos esperando:

— E aí, como está.

— Tomei um comprimido bem forte. Sinto um alívio.

Ele me convidou ao seu quarto. Fechou a porta. Sentados em sua cama, nos abraçamos. Ele beijou a têmpora assassina, sussurrando:

— Este é o melhor remédio. Garantia de Obadiah para as enfermidades do amor.

Ah, a luminosidade dos teus olhos...

O prazer lascivo.
A volúpia que não se contém.
O deleite imenso, maior que o mundo.
O banquete em que me regalo.
O aconchego quente – seus braços, seu peito, suas coxas.
A fruição incontida de cada coisa pequena, minúscula que eu vejo e ali está ele.
Entregar-me.
Possuí-lo.
Luxúria.
O sabor do mínimo transfigurado pela sua boca.
O encanto de estar aqui e saber que ele vai chegar.
O arroubo saltitante de irmos juntos para a faculdade e juntos passarmos a manhã.
Ventura e júbilo.
Este êxtase entranhado no meu corpo que não me deixa mais atingir o chão.
Só não é paraíso porque somos apenas homens.
O vivo de cada cor exaltando as cores.
Revê-lo.
Me amortecer entre seus braços.
Sorver de seu corpo a carga de energia que eu nem sabia que meu corpo necessitava.
Aquela transfusão real.
A real e concreta simbiose em que nossos pulmões trocam de ar e nossas veias se embaralham para o mesmo sangue.
A delícia de ser e voar e conversar e tocar e experimentar.
Nossas coxas entrelaçadas no contraste de tons.
A animação do primeiro instante em que acordo até o dor-

mir, agora tão custoso.

Usufruir da vida seu sumo vital.

Saborear seu espírito tão agudo, tão perspicaz, tão crítico.

Saber que, se ele está aqui é por decisão, não por impulso.

Me arrebato nele e quero que ele voe com minhas asas.

Me subjugo a ele e ele se subjuga a mim e aí há um complemento impensável, intraduzível.

A dor de ser penetrado.

A dor de penetrar.

E o prazer escorrendo por nossos membros.

Saciar os olhos, o que jamais consigo, com sua beleza terna, quente, negra.

Radiante a pulsação do meu corpo.

Meu corpo se transforma, se abre, se fecha, quer mais.

Não sexo.

Mas ele, ele, ele inteiro em mim.

A ardência da conjunção.

E da dor/prazer tecemos um ardor calmo que passa pelo fervor.

Rompantes.

Explosões.

Chego a ficar intoxicado dele.

Me canso dele.

Não quero mais.

Aí o círculo gira e tudo vem de novo.

No desalinho dos lençóis o alinhavo de nossas vidas que se juntam.

Fermentamos.

Transbordamos.

Caímos esvaídos.

O súbito incandescente.

O assomo de algo que vai além de nós, não alcançamos e de repente está em nós.

O cálido.

O delirante.

Assim, assim, assim.

A ávida alucinação.

A forte impetuosidade.

A inquieta calidez.

Ele chegou para habitar meu interior.

Se implodiu a superfície.

Estamos no cerne.

Íntimos, quase fundidos.

Fazemos a trama.

Enlaçamos o caule, íntimos.

Subcutâneos.

Não há o que nos separe.

No sincronismo, o cume.

Teso, reteso, túrgido.

A delicadeza de sua compleição me abraça e eu me estiro.

E a cama afina-se com nossos corpos.

Seu peso marcando presença sobre o meu peso.

Minha crucificação encarnada enfim curada.

Vastidão.

 Um com ascendência sobre o outro.

Seu porte negro no meu porte branco.

O sopro vital de sua boca.

Seu vulto negro no meu quase leitoso.

Sua figura implantada nos meus nervos.

Tudo é redundante, retórico, barroco e como não ser?
A suficiência, a fatura, a soma.
Mantimento.
Ele me abastece.
Eu lhe dou o mineral gozo das minhas entranhas.
E o guarneço com meu calor.
Meto nele com medo de machucar, mas ele garante que está ótimo.
Tudo é em nós.
Cada coisa.
Cada pequena, minúscula, invisível coisa tem sentido de vida através dele.
Transbordamento.
Sem mais mistérios, estamos práticos em nós mesmos.
Nós nos lambuzamos porque queremos e nosso suor nos lava mais um pouco.
Ele está em letras garrafais em minha vida e se isto cega os outros, eu não me importo.
Os livros estão grifados pela presença dele.
A literatura passou de maravilha a fundamental por meio dele.
Tudo é chavão, eu sei.
O influxo de sua força.
A braçada do seu vigor.
A amplitude de sua energia.
O que começamos nunca termina e o que termina logo advém como transformado.
O luxo de sua pele.
A base do rosto espinhenta quando passo minha língua.
O roteiro trepidante.

Cavalos, éguas, parentes, uníssono.
Um laço que nada destruirá.
O impossível dilaceramento.
Como nossas carnes se lascam e se comem e se murmuram no cio.
A gente se nutre boca a boca, pau a pau.
A senha em nossas palavras. Então começamos.

Um trato de confiança entre nós. Nunca, em hipótese alguma, usaremos camisinha.

Como diz Agustina Bessa-Luís: "à flor do rosto uma libido amorosa."

Whitman queria se casar com um rapaz do povo. Conheceu Peter Doyle. Um rapaz rústico, rude, analfabeto. Ensinou-o a ler. Tempos depois, encontrou Harry Stafford, filho de fazendeiros. Whitman brincava de luta com Hans na fazenda. Stafford trabalhava numa gráfica onde o livro do poeta – *Two Rivulets* – estava sendo impresso. O autor pediu que o patrão do rapaz o ensinasse a compor tipos para acelerar seu progresso mental. Em 1876, Whitman lhe deu um anel de compromisso. Vai o tempo, e o poeta levou o rapaz para o altar em que se casava com Eva. Estava no papel de pai, não no de amante. Quanta solidão! Quanto desespero! Tirei estes dados do livro de Lewis Hyde, *A dádiva: como o espírito criador transforma o mundo*. Detestei. Um livro mistificador. Para o autor, a arte depende de dom, talento, *genius*, inspiração, influxo dos deuses e todas essas baboseiras. Arte como *trabalho*, nem pensar. Se é dom, qual é a graça justo no empenho do artista em fazer o que faz? É só pegar o papel, a tela e deixar fluir o dom e tudo está feito. Como ficam os longos anos de elaboração, estudo, leituras? Como fica o diálogo de uma obra com outra, outras? Hyde também faz uma separação ridícula entre emoção e razão. Como separar as duas facetas de nossa inteligência? Preciso emprestar o livro ao Oba. Vamos discutir nossas posições e ver no que vai dar.

No sábado, eles foram à boate Toke, a mais badalada de Curitiba. Ao entrar, estranharam um pouco o ambiente. Só rapazes jovens como eles. Poucos homens maduros. Boa parte abraçados. De mãos dadas. Alguns em beijos longos. Enquanto o estranhamento se desfazia, uma espécie de sentimento de estar no seu lugar, no seu mundo, na sua praia os invadiu. Trocaram opiniões sobre o lugar. No balcão, pediram o gim-tônica de sempre. Sentaram-se num sofá de couro curvilíneo, negro. Deram-se as mãos. Observaram o lugar, enquanto Israel soltou a mão e passou a acariciar a carapinha de Obadi. Grandes telas de TV plasma expunham vídeo-clips, mas a música era inaudível. Deram-se as mãos outra vez.

Num repente, o espaço se esvaziou. Eles ficaram um pouco desnorteados. Foi quando Oba disse:

— Nossa, nem vimos, tem um outro andar lá embaixo. Todo mundo foi para lá.

Desceram enorme escadaria em curva. Encontraram a boate real. Uma multidão já se espremia. Dançando. Eles ficaram andando a esmo. Até que encontraram um balcão, onde depositaram os copos e foram dançar.

As luzes cortavam os corpos. Relâmpagos prateados pareciam transpor os rapazes para outra dimensão. A música de toque retumbante varava os ouvidos. Explodia nos corações, penetrando suas cavernas com toques surdos. Oba estava solto. Tinha gingado. Nenhum dos dois reclamou da música. Para aquele ambiente, não podia ser outra. Dançaram. Se abraçaram. Se beijaram. A efervescência dos corpos em ebulição. O "povo" reprimido, agora solto em sua praia. Oba abraçou Israel pelo pescoço e foi bamboleando até o chão, arrastando consigo o companheiro.

Endoidecidas, as luzes varavam rostos que eram captados num flash instantâneo. Tudo era velocidade. Ritmo dissonante a marcar um voo reto ou tortuoso para o alto. Suor. A turbulência do salão marcava o compasso dos corpos. Os corpos marcavam a intensidade animal do lugar. Reflexos estimulantes varriam o ar. Da mesma forma que Oba e Israel desceram até o solo, foram subindo. Os corpos dos dois ficaram muito juntos. Oba sugou o pescoço de Israel. Este pendurou-se na boca carnuda de Obadi. Um odor abafadiço. Contornos de dançarinos. Esbarrões. Pedidos amáveis de desculpas que mal eram ouvidos. Os braços subiam, pulsando e parecendo que queriam soltar-se dos ombros. Gritos fulminantes atravessavam o espaço como em transe. A vivacidade fulminante. Os rapazes entrelaçados ignorando outros corpos que serpenteavam livres. Ímpetos desbravadores a abrir caminho por entre a embriaguez.

Oba sentiu sede. Israel também. E beberam muitas vezes. Oba depositou as mãos nos ombros de Israel e ficou corcoveando a sugar a música para o interior de seu corpo. Depois a expelia com a lascívia de seu jeito moleque. Oba contorcendo os músculos como se fossem de borracha. Israel era mais contido. Mesmo assim, sentia enorme prazer em ver o companheiro em sua sensualidade espontânea, sem restrições. Tudo era possível. Era bom estar ali. Vibrar. Os lampejos coloridos das luzes pulverizavam homens e garotos. Alguns casais se cansavam. Iam para a beira da pista e bebiam e contemplavam a arena das contrações.

De um modo nada racional, havia unicidade entre toda aquela gente. O que seriam? Estudantes. Bancários. Advogados. Dentistas. Atores. E livres das amarras do cotidiano se sentiam unidos numa mesma causa: se divertir e amar sem limites. Onde, no dia a dia, este povo se enfurnava? Como podia haver tantos, se no cotidiano era tão difícil encontrá-los?

Bamboleando, Oba se foi aproximando mais e mais do Polaquinho, até que o beijou. E os dois suspenderam a dança. Pararam num longo beijo que selava o que já estava determinado e definido entre eles. O beijo foi uma eternidade. A condição humana bipartida. Ansiosos, eles se lambiam, mordiam os lóbulos das orelhas. O suor tresandava a álcool. A luz reverberava nos olhos deles. Os olhos se fundiam. Entravam um no outro e criavam uma névoa lúcida de ser a dois. Tudo coruscava. Os rapazes retalhados em cintilações. No escuro, havia refulgência. Certos rostos nitidamente expressivos por um segundo. Os sorrisos eram chispas infernais. Rútilos. A música voava fulminante, fosforescente, vivíssima.

Israel e Obadi levitavam na multidão. As paredes resplandeciam com a decoração prateada a lançar estrias de brilhos. Tudo flamejava. Os corpos também tinham luz própria que vinha da bebida, da intensidade, da paixão. Faíscas para todo lado. Alguns solitários andavam por aí, em busca de uma companhia possível. Caçada. Ao menos por uma noite alguém. A boate vagalumeava. O Polaquinho sentia estímulos subterrâneos para sua paixão. Seu peito parecia se alargar de tanto amor pelo Neguinho aconchegado em seus braços. Israel sentia a presença concreta de Oba e pensava como esta presença lhe significava vida, queridez, vontade de ir mais longe, adentrar aquele ser para a simbiose eterna. O rosto de Obadi navegando entre tantas luzes era suave e pedia mão, pedia para dali extrair mais vida do que nunca. O mundanismo era mais saltitante que os livros. Que livros o quê! Quero mais me espraiar. Quero lamber, chupar, fruir. Oba ria e falava algo impossível de entender. Oba se deleitava com o dançar e em mostrar todas as performances de que era capaz. Estava num teatro construído para ele. Das raízes do seu ser arrancava o fervor dos movimentos sincopados ou em destrambelhos segundo a bebida fermentava em seu interior. Gostava de manter o eixo e ir amolecendo até o chão. Então dava um salto repentino acompanhado por um grito de vitória. E caía de boca sobre a boca do Galeguinho. Seu salto era um ímpeto de gazela. Oba regalava-se. Pulava. Ávido por mostrar que estava bem e que amava o parceiro. A festa era dos dois. Fogoso em sua doçura, Oba acariciava os cachos fantasmáticos do amigo. Aconchegante na sua luxúria. O loiro garoto entendia que tudo aquilo era para ele. E se sentia completo. Libidinoso. Imoral. Devasso. Impuro. Imundo. Santificado. Amava aquele cara ali, este cara aqui pendurado em seu pescoço. Êta delírio bom! A ligação sexual entre eles intumescia os sexos quando eles se aproximavam mais e se esfregavam um no outro com fome antiga. O regaço que Oba oferecia era um deboche a tudo que já houvera de tristeza na vida de Israel. E ele correspondia porque amava e adorava. No desconcerto do mundo, eles viviam ali o excesso saudável da própria paixão. Viva Epicuro! A volúpia escorregava oleosa pelos corpos deles. Embriagados. A libação para os deuses gregos e de todas as culturas que aceitavam aquela forma de ser/amor. Devassidão. Moleza nas pernas. Vamos sentar? Vamos.

Jogaram-se num sofá que luzia os brilhos do ambiente. Esfalfados, mal respirando. As camisetas empapadas. O negro abraçou o loiro e o trouxe para junto de seu corpo e dizendo te amo foi levantando a camiseta do outro e mordendo seus mamilos e mordiscando seu pescoço e massageando seu sexo e se empinando por cima dele e te amo e te amo e se enroscou nos cabelos dele, até que um segurança chegou, deu um toque e pediu:

— Calma aí, camaradas. Para isso tem o dark room...

Eles se levantaram. Foram até o bar. Pediram gim com energizante e muito gelo. E bebericaram. Ambos estavam adorando tudo. Os rostos luzidios de calor. Os cachos de Israel grudados em sua fronte e em sua nuca. Voltaram à pista. Mergulharam outra vez na dança. Israel teve uma espécie de ausência. Tudo silenciou. Tudo sumiu. Ficou só ele ali, concentrado e pensando: estou aqui na Toke. Amo Oba. Oba me ama. O mundo é meu. Eu estou vivo. Aqui é o mundo. Eu estou no mundo. Eu sou gay. Eu amo um cara. Este cara me ama. Meu pai tem uma cantina. Eu faço letras. Adoro literatura. Estou apaixonado. Sou correspondido. Porra, cara, estou feliz. E tudo ao derredor voltou com mais intensidade e quando deu por si estava abraçado a Obadi e o devorava em beijos e sentia sua pele lisa e suave, a leve aspereza da barba, a língua encarnada vinda ao encontro da sua. E a madrugada foi por aí.

O pênis de Obadiah não fica encaramujado sobre o escroto. Desce liso, macio e negro até abaixo dos testículos. Sem nenhuma veia aparente. Como não é circuncidado, o prepúcio vai além da glande uns milímetros e enrodilha-se sobre si mesmo. A coroa da glande fica bem marcada. É um pênis que mostra vigor, saúde, beleza maior que a de David, de Michelângelo. Gosto disto.

Oba chegou até Israel, no pátio da universidade e falou:
— Hoje à noite vou dar uma saída com Isabel.
— Uai, por quê?
— Porque ela me convidou para conversar.
— E o que ela tem para conversar com você?
— Como vou saber, se ainda não conversei.
— Ihhh, a coisa está me cheirando mal?
— A troco de quê?
— Acho que ela está querendo se meter na nossa vida.
— Não esquenta. Ninguém tem poder para se meter entre nós.
Israel passou o resto da manhã inquieto. Na ida para casa, quase não conversou com o companheiro. Oba percebeu a casmurrice e tentou quebrar o silêncio.
— O que está havendo? Qual a razão para a carranca?
— Estou encucado...
— Com o quê?

— Com a história de você sair com Isabel.
— Ih, deixa para lá. Não tem nada a ver.
— Como não tem nada a ver. Agora que nós dois estamos juntos, o que a magrela lambisgoia vai querer? Colocar areia na engrenagem.
— Vai ver só quer falar sobre alguma matéria.
— Por que não conversa então na cantina?
Oba desfez os cabelos do amigo:
— Vai me dizer que está com ciúme?
— É óbvio. Não nego. Afinal, você é meu ou não?
— Inteirinho. Mas, cara, você não confia em mim?
— Não confio naquela sujeitinha.

Almoçaram. Oba reafirmou que não voltaria logo, por causa da saída com Isabel. O Polaco trabalhou até as quatro horas, fervendo por dentro, fazendo as mais tenebrosas elucubrações. Passou a tarde perturbado. Um raio varou sua cabeça: e se ela der em cima de Oba e Oba topar uma transa... Não pôde nem ler o resto da tarde, travado na aflição. À noite, ficou à espreita, até que o companheiro aparecesse. Passava das duas quando Obadi chegou. Devagar, sem ruídos, Israel desceu a escada e foi ter com ele:
— E daí? O que rolou?
— Não acredito que ficou acordado até essa hora...
— Claro, né, meu. Fiquei com a pulga atrás da orelha, com medo de você cair nas garras daquela fulaninha.
— Não se preocupe, meu querido. Ela deu umas sondadas sobre nós dois. Eu deixei tudo no mais ou menos. Não confirmei nada, não neguei nada. Mas sabe qual é o papo dela? Ela está afim de você.

Israel deu uma bufada profunda. Oba o trouxe para perto de si e o abraçou estreitamente.

— Fique frio, meu anjo. No meu Polaquinho ninguém mexe. Na verdade, ela queria que eu arranjasse as coisas entre vocês dois.

— E o que você falou?

— Falei que não ia me meter numa situação de tal natureza. Que se ela quiser você, ela que faça o caminho dela...

— Imagine que eu ia trocar você por uma sujeitinha daquela. Você está soldado em mim até o último osso.

— Sei que é assim. Não estou preocupado. Vem cá vem. Me dá um beijo de boa noite e vamos dormir.

Quando Israel ia saindo, Obadi lhe deu um tapa suave na bunda.

De manhã, quando vão para a universidade, ainda sonolentos, Obadi geralmente se deita sobre o ombro de Israel para tirar uma soneca. Isto o faz lembrar-se de um carnaval que passou em Florianópolis. Foi a primeira vez que viajou para outra cidade. Com a turma do ensino médio. Ficaram numa praia afastada, na casa dos pais de um colega. À tarde, vinham ao centro para a folia e ficavam até tarde. Uma noite, não suportando mais o cansaço, Israel resolveu voltar sozinho para a casa na praia. Pegou o ônibus, meio vazio. Um rapaz entrou, fantasiado com colares havaianos e sentou-se justo no banco ao lado de Israel. Em poucos segundos, deitou-se sobre o ombro de Israel e dormiu ferrado. Cheirava a álcool. À medida que o ônibus sacolejava pela estrada de barro, o rapaz foi descendo sua cabeça, até deitar-se no colo de Israel. Ele ficou sem saber o que fazer. Era um garotão bonito, atraente. Rosto refrescante, apesar do cansaço. Um rosto vital. Cabelos negros meio ondulados e uma barba ralinha que lhe dava um toque oriental. Potro jovem. A cabeça esquentou o colo de Israel e ele teve uma ereção. Morreu de medo que o fulano acordasse e percebesse o que ocorria. Ele não despertou. A cabeça se movia para lá e para cá, no ritmo do ônibus. Israel sentiu um impulso de acariciar aquela bela cabeça, salpicada de purpurina. Mas só depositou sua mão sobre os cabelos do outro. Foi seu primeiro contato físico com alguém. Agora, com Oba reclinado sobre seu ombro, percebe a diferença de tempos e intensidades. Às vezes, quando Oba vai escorregando a cabeça, Israel a ajeita. Não quer passar pela mesma situação daquela vez, sem bem que a mochila o salvaria de qualquer olhar indiscreto. Oba faz uns murmurejos e o Polaquinho tem certeza de que o negro está sonhando.

    Não gostei do livro de Hyde, porém, queria anotar algumas sacações dele:
- "Um espírito que não se expressa não sobrevive."
- "Não podemos amar aquilo que não podemos nomear." – esta é uma citação do poeta Robert Bly.
- "Sem imaginação só nos resta tecer o futuro com a lógica do presente; jamais seremos conduzidos a uma nova vida porque só somos capazes de lidar com o conhecido."
- "D.H. Lawrence falava do égoïsme à deux" para se referir ao amor.

Será que eu e Oba vivemos um estado assim? Pode ser. Estamos bastante isolados. Eu que já tinha poucos amigos, não preciso de mais ninguém, porque estou preenchido em cada célula.

• "Aqueles que participam de uma tradição viva são levados a uma esfera de vida e experiência mais elevada do que aquela em que nasceram."

Voltaram outra vez ao Salto dos Macacos. O lugar para eles agora tinha um contorno simbólico. Foi ali que Oba deu o aval para o relacionamento. Foi ali de fato que o amor explodiu como matéria do espírito e da carne. As facetas se complementando. As portas abertas. Nadaram outra vez na lagoa formada pela cachoeira. E outra vez se amaram envolvidos pela água.

"Sabe-se que Alexandre e Heféstion, seu amigo de infância, era um para o outro o mesmo que o fogoso Aquiles era para Pátrocles na *Ilíada* ou Orestes para Pílades nas tragédias."
F. Bluce – *Memórias secretas de Alexandre* – p. 48.

Só para constar. Meu horóscopo de hoje:
"Muita água já rolou debaixo do moinho, mas você continua com dúvidas a respeito de como se orientar na vida afetiva. O sexo pode ser tudo – ou nada – nessa negociação entre você e seu passado. Além do horizonte pode existir um arco-íris que nunca será alcançado de verdade, mas serve para encantar e suavizar o caminho" – *Folha de S. Paulo*.

(Será que alguém leva a sério este tipo de discurso? Decompondo:

— debaixo do meu moinho e do de Oba não rolou tanta água assim – falta rolar muito mais;

— não estou com a mínima dúvida em minha vida afetiva – tenho certeza de amar Oba e que ele me ama – há ciúmes, o que faz parte;

— não negocio nada com meu passado, aquele vazio, aquele deserto, um tempo sem referências – o presente que vivo é uma consequência do amor que tenho por meu companheiro e do tanto que batalhei por ele;

— além do horizonte não existe nada – só mais horizonte – e quem precisa deste tipo de consolo só pode ser uma besta quadrada – e quem é que ainda tem ingenuidade tamanha para se embalar nesta espécie de baboseira?).

O importante é estar aqui. Amar aqui. E projetar-se para frente. É o que penso. E quando temos uma relação segura, o que vem depois, é uma planície clara, em que nenhum deus precisa intervir para fazer os fatos correrem por trilhos benignos.

"O jardineiro espanhol", com Dirk Bogarde e Maureen Swanson. Direção de Philip Leacock, 1956. É uma produção inglesa independente. O jardineiro torna-se amigo do filho do patrão que é diplomata e morre de ciúmes do filho. E se meu pai souber do que há entre mim e Oba, teria ciúmes? Assistimos ao filme ontem, na cinemateca.

— Por que você se chama Israel?

— Ideia do meu pai. Ele sempre odiou os nazistas pelo que fizeram com os judeus. Então, quando ele namorava com minha mãe, os dois combinaram. Se tivessem um filho homem, iriam dar o nome de Israel para homenagear os judeus. E o teu nome, vem de onde?

— É coisa das antigas. Sei que meu avô e meu pai tinham este nome. Como não conheci nenhum deles e fui criado por minha tia, ignoro a razão do nome passar de geração para geração. Deve ser também homenagem que tem raízes que chegam lá atrás, em alguém que foi escravo. Mesmo assim não tenho muita certeza se é um nome africano. Espero que seja. Gosto dele. É sonoro.

Israel termina de ler *O romantismo*, de Antônio Soares Amora que a professora impusera à turma. Leitura obrigatória. E uma resenha sobre o livro. Como ele considera a mestra muito fraca e desatualizada, resolve provocá-la. Faz um artigo demolidor sobre o livro. Dá ênfase à sua visão acadêmica e tradicional. Para adensar a crítica ao livro e à professora, opta por escrever sobre duas obras de Michael Löwy e Robert Sayre: *Revolta e melancolia: o romantismo na contramão da modernidade* e *Romantismo e política*. Assim, ele dá um cunho mais esquerdista ao trabalho, já que a professora é alienada e conservadora, porque insiste em afirmar que a literatura não tem nada a ver com o contexto, nem com a História. Para ela, literatura é uma arte autônoma. Passa a tarde digitando o trabalho que ultrapassa trinta páginas, indo muito além das três solicitadas. Sabe que assim irritará a dita cuja. Mas o seu prazer está em emparedá-la, em questioná-la, em mostrar com clareza que pelo menos alguns alunos têm conteúdo e proposta e se recusam a ser a massa de manobra que ela pensa ter em sua frente. Pelo que viu, Oba segue o mesmo caminho, só que indo buscar outras obras de referência, assim ela não terá pretexto para acusá-los de terem feito o trabalho em conjunto.

Mesmo correndo o risco de atrapalhar Obadi em seu trabalho, Israel não se segura e resolve ligar para ele:
— Oi
— E daí meu garoto, tudo bem?
— Tudo bem, e você?
— Estou aqui na correria de sempre.
— Nenhuma novidade?
— Tem e das piores...
— O que foi?
— Não se espante. Nada comigo. Com um funcionário...
— O que aconteceu?
— O infeliz é meio desligado. Foi descarregar caixas de enlatados e deixou uma cair sobre o pé...
— E daí?
— Daí que cortou o pé fundo. Mas já chamamos uma ambulância.
— Foi grave?
— Pelo jeito, sim. Porque está tudo uma sangria só.
— Coitado.
— O pior que acaba sobrando para mim. Vivo num sanduíche. Entre os mandões de cima e os escravos de baixo. Está na cara que vão cobrar de mim.

— Mas que culpa tem você.

— Ninguém quer saber. A gritaria vem dos dois lados. Fora os pepinos trabalhistas. Sempre entram com processo e eu que tenho que correr.

— Ah, Oba que chato. Liguei só para dar um cheirinho e agora um negócio assim.

— Nada, não. Aceito o cheirinho e envio o meu, bem preto.

— O seu cheirinho preto é uma delícia. Me amarro nele.

— Está bom. Ainda bem que tenho você para me consolar.

— De noite a gente se encontra.

— E vamos fazer uma festinha. Está na hora, você não acha?

— Claro, por mim teria festa toda hora.

— Olha, vou ter de desligar. A ambulância está chegando.

— Tchau. Um beijo.

— Outro. Bem molhado.

Israel, da janela do quarto, contempla Nino em suas estripulias pelo quintal. Mesmo que tenha completado um ano, o poodle continua moleque. É um dínamo espoleta. Corre, pula, sai voando sobre tudo. Esburaca todo canto. Enterra ossos. Depois vem para o quarto e mancha o tapete de barro. Ainda assim, Israel quer um bem imenso ao bichinho. É o companheiro nas horas em que se sente sozinho, o que não vem acontecendo muito, desde que engatou com Oba. Mas quando Nino deixa o tapete embarrado, é preciso passar uma escova, se não a mãe... Pior quando Nino pula em sua almofada sobre a cadeira. Aí irrita. Mesmo assim, ele evita dar bronca. Não quer que o cachorro desenvolva nenhuma neura contra ele.

Olha sobre a mesa as diversas opções de leitura. Tem várias pilhas de prioridades. Está de olho no *O bom inverno*, de João Tordo, um escritor da nova geração portuguesa. O livro é convidativo por si só. Um pequeno tijolo. Tem uma capa chamativa: o que parece uma planície em tons abstratos de verde. O tamanho do livro é bom para as mãos. Com 18 cm. de altura e 13 de largura, é um ótimo objeto para manipular com mãos de amor e ternura. Israel contempla o pequeno volume espesso e se decide por ele. Sabe que a história é sobre um escritor frustrado. O tema lhe interessa. Às vezes se sente assim. Escreve, escreve e o resultado fica muito aquém do que costuma ler nos autores consagrados ou em vias de.

No aparelho de som, Israel coloca "Oscar Peterson meets Roy Hargrove and Ralph Moore". O piano rola como um remanso. Dá uma sensação dormente de amenidade. Quando o sax entra, parece a mansidão de um riacho dolente. O trompete tem um toque um pouco nervoso, só para contrastar. E o baixo vai na sua leniência, imperturbado ante as mazelas do mundo. O swing da bateria é a alma do puro jazz, enquanto Oscar Peterson vai levando as coordenadas da música de um modo fruitivo. Trinados. Toques de nuvem. Baixo e aveludado o sax volta, imperturbável pássaro trazendo serenidade à música insinuante. Israel recosta a cabeça no sofá. Fecha os olhos. Absorve com a mente temperada pelo som cativante "My foolish heart". Seu ânimo espraia-se pelo quarto em tom ameno. Nada de louco tem seu coração. Ele está aquietado numa praia quente, onde as ondas vêm bater de leve. Ele voa por planícies além de qualquer geografia. Tudo é exato, simétrico, sem corrosão. A espessura de sua alma é revivificada e mais uma vez ele tem certeza de como viver é convidativo, aconchegante, mesmo sendo perigoso. Oba vai chegar e ele, Israel, descerá ao seu quarto para distender-se sem perturbação na cama desfeita desde sempre.

Quando criança, Israel era um menino tímido (nunca deixou de ser). Introvertido. Fechado. Ao ser colocado na escola, criou muitos problemas. A mãe o levava. Chegando no portão, recheado por outras crianças, o menino empacava. Agarrava-se ao vestido da mãe. Chorava. Esperneava. Era um custo desgrudá-lo e convencê-lo a entrar. Um dia, a professora lhe mostrou um livro. Se você entrar, a tia vai ler uma historinha bem bonita para você. Meio desconfiado, ele largou a saia da mãe. Engoliu os soluços. Deu uns primeiros passos. Vacilante. A professora pegou sua mão. Ele se retesou. Vem, sem medo, olha só a historinha. O menino apontou para o livro. Os olhos aquosos. Eu quelo. A professora entendeu. Passou-lhe o livro. Ele o agarrou como uma tábua de salvação. Assim foi levado até o pátio. Ali deixado, sentou-se e ficou desfolhando as páginas. Uma a uma. Muito devagar. Concentrava-se em cada ilustração – castelos, dragões, florestas, fadas. Mergulhava nelas. Imaginava um mundo. Outros meninos se aproximaram, convidando-o para qualquer brincadeira. Israel se recusou. Ficou com o livro contra o peito a se proteger. No momento de entrar na sala, a professora veio buscá-lo. Ele entrou. Mas não deu um passo. A sala colorida. As pequenas mesas e carteiras cada uma de cor diferente. As muitas figuras na parede. Reconheceu entre elas uma que estava no livro.

Devagar se dirigiu até ela. Ficou fascinado ao ver o dragão em tamanho maior. A professora perguntou o que se passava. Ele apontou o livro. Depois para a imagem na parede. Isto, querido. É o dragão do seu livrinho. Ele quer soltar fogo pelo nariz. Israel passou a chorar novamente. Só se calou quando uma estagiária o pegou no colo, afirmando que leria para ele. E o menino seguiu a história com olhos esbugalhados. Ao fim, pediu que a moça lesse novamente. A primeira tarde foi assim – o dragão amolecia as pedras com seu poder, incendiava as águas, mas depois ajudava um pastor pobre que trabalhava com ovelhas na encosta da montanha. A primeira tarde. Desinteressado de todas as outras atividades só quis saber de dragão e castelo e montanha. Ao vir buscá-lo, a mãe lhe disse que precisava deixar o livro na escola. Nova choradeira. Simpática, a professora permitiu que ele o levasse para casa. Ali chegando, ele sentou-se na cama. Passou a rever as páginas como se pela primeira vez. A mãe lhe perguntou se ele queria que ela lesse o livro para ele. O garoto fez sinal negativo. Em vez de ela ler, ele *leu*. Virando as páginas uma a uma, contou a história à mãe, sem esquecer um detalhe. A mulher ficou boquiaberta. Como ele conseguiu? E assim, devagar, atraído pelos livros, o menino passou seus anos de escola. Sem fazer amizades. Sem enturmar-se. Tímido. Reservado. Na clausura do próprio eu e da fantasia. Voltado para um mundo que os outros não dominavam. Chegaram a pensar que sofresse de autismo. Os exames e consultas nada apontaram. Até que os pais concordaram que este era o jeito dele. Não insistiram mais. As séries foram passando e ele com os livros. Não queria festa de aniversário. Não gostava de sair de casa. Sem amigos. Sozinho na solidão povoada por milhares de personagens. Viajando pela imaginação. Ao chegar à adolescência, ele enfurnou-se ainda mais dentro de si. Sem amigos. Sem festas. Sem baladas. Sem turma. Os pais pensaram em mandá-lo ao psicólogo. Ele concordou. Fez três ou quatro sessões e desistiu. O doutor não viu nada além de timidez, desconforto com o mundo, autocentramento e a terapia já estava em desenvolvimento: os livros lhe bastavam. Ele era feliz na companhia deles. O rapaz tinha uma ocupação para desenvolver-se bem: lia e lia. Não precisava de tratamento algum. Por meio dos livros, conhecendo outras vidas, outras formas de ser, talvez ele se abrisse um pouco mais. Em todo caso, ia moldando sua vida no espelho daquelas que encontrava impressas. A leitura intensificou-se. A abertura não veio. Enquanto outros pais gastavam dinheiro com camisetas e tênis de marca e parafernália cibernética, os seus só precisavam gastar em livros. No começo iam juntos até a livraria. Já crescido, deixou os pais de lado, pegava a mesada e mergulhava nas estantes em busca do que queria ou do que encontrava no acaso da sorte. E os pais viam a situação com gosto. Para eles, a atitude do filho denotava inteligência. Era ele especial. Pediu sua primeira estante. Ordenava os livros com cuidado. Todo sábado passava uma flanela em cada um. Ao se tornar jovem, decidiu fazer letras. Os pais desanimaram. Que futuro dá um curso desse, meu filho. Dá o meu futuro. Quero ser escritor. Não me interessa mais só ler o livro dos outros. Quero escrever os meus. E os cadernos estavam abarrotados de histórias e poemas e textos soltos, sem gênero definido. Outra vez o velho e a velha se conformaram. Viram que o osso era duro. Não adiantaria discutir. Fez o vestibular com sucesso. Por isto, quando ele apareceu em casa com Obadiah, dizendo que era seu amgio, a mãe exultou. O pai teve os achaques do racismo de sempre. A mãe não se importou com a cor daquele garotão bonito, de olhos sinceros. Ficou encantada com a novidade. – Que bem que estudar tá fazendo pro meu filho. – Até um amigo ela já fez. – Não vou colocar nenhum obstáculo. – O rapaz vem morar aqui, ótimo. – Vou adotar o guri como um outro filho meu. – É meu segundo filho. – E é tão lindo esse negrinho. – Tem uma pele tão boa. – Pela cara se vê que é gente boa. – Vai ser uma ótima influência para Ira. – Me sinto segura. – Tranquila. – Agora meu Irazinho tem com quem sair. – Com quem se divertir. – E como saem. – Eu faço questão que o velho empreste o carro pro meu menino. – Assim ele e Oba têm mais facilidade de ir por aí. – Podem ir pras festas. – Meu filho não bebe, mesmo. – É responsável. – Com o carro eles têm liberdade de ir e vir. Mastigando os dentes, enciumado, o pai não protestava, cada vez que Israel pedia o carro para seus programas de finais-de-semana. Somente lhe estendia a chave e engrolava um *toma cuidado, não vá me fazer besteira*. Israel tomava cuidado. Todo sábado à tarde que dava, lavava e lustrava o carro para o bem dos olhos do pai.

Uma festa tradicional em Santa Felicidade: São João. A Manoel Ribas é enfeitada com bambus, bandeirolas, balões. Na região gastronômica de Curitiba, muitos restaurantes também são decorados e servem comidas típicas. Muito pinhão. Pé-de-moleque e coisas tais.

O pai de Israel tem um apreço especial por este dia. É devoto do santo. Veste os garçons de caipiras. Por toda a extensão da cantina, fios sustentam as bandeirinhas de papel colorido. Perto da entrada, ele organiza uma grande mesa com os doces que marcam a data. O momento mágico é às vinte e uma horas. Uma grande queima de fogos retalha o céu do bairro, inoculando na noite os tons e volteios de luzes efêmeras. Uma epifania de vida nova. Os olhos se voltam para a beleza lá de cima e com obstinação, por um instante, esquecem da rotina, da correria. O desvairado bulício da noite encanta as crianças. Traz um clima de infância nas palmas e nos gritos. Por isso, o pai de Israel se prepara. Armazena os fogos no porão. Junto com os rapazes que trabalham com ele, inunda o céu com baterias de coruscos de rápidas explosões.

Ele chamou Israel:

— Filho, vá até a loja de fogos e compre umas cinquenta caixas de foguete. Este ano quero estourar a boca do balão. Vou ser o mais festivo.

Israel vê Oba aproximar-se. Ele fora à cantina pegar um café. Vem conversando com Isabel. Dá uns passos devagar. Gesticula com a mão livre. Israel contempla o corpo dele. Calças jeans claras, justas e cheias de rasgões aqui e ali. A camiseta branca apertada retesa os mamilos contra o tecido. A visão delicia Israel. Ele o devora com os olhos. Ainda bem que é meu. Encontrar um deus deste na rua, solto, indo não sei para onde, despertaria um tesão tão forte que desaguaria na ansiedade. Na amargura de não poder desfrutá-lo. Eu sentiria a agulhada estonteante do desejo. Ficaria ao léu de mim mesmo. Ele vem aí. Ele está comigo. Ele está na rua da minha vida. Meu amor por ele se expande por minhas células e torna-se uma obsessão agradável. Reveste a vida de certezas. Seu ser é meu ser. Com ele me sinto inteiro. Cada dia em que acordo, o pensamento é para ele. Oba me renova. Seu corpo saudável, seu espírito extrovertido, seu jeito solto de estar no mundo me abastecem. E a toda hora agradeço o momento em que venci a timidez e todos os meus demônios para me abrir a ele, expor meus sentimentos de forma clara. Não foi fácil. Tudo me impedia. Em especial a angústia. O temor de ser ridicularizado. Medo de passar por bicha escrota quando isso não condiz com a minha conduta, nem com a natureza do meu afeto por ele. Ainda bem. Ainda bem que ele está comigo. Tenho alguém para chamar de meu. Posso morder este corpo em toda a sua extensão. Me encharcar de lascívia. Sei que estou com o companheiro que é luz. Nunca treva. Às vezes fico balançado pelo ciúme. Se eu o vejo deste modo, muitos, muitas podem vê-lo da mesma maneira. Ele é chamativo, tem presença, é boa praça, descontraído. Sempre alegre, do tipo que faz piada em cada situação. Dispensa as incertezas. Não atravessa nenhuma diáspora. Está comigo por decisão própria. Sinto seu apego por mim crescer cada vez mais. É de uma beleza calma. Gratificante. E sei que nossos laços estão bem apertados. Tudo passa muito longe de uma simples aventura. Ou só a expressão animal do sexo para a satisfação de um momento. Se eu perdê-lo por qualquer circunstância, entro em colapso. Mas perder não está na ordem do dia. Pelo que ele me diz. Pela forma como se entrega às nossas transas. Pela fusão de nossos corpos e mentes, sei que nossa árvore tem raízes profundas. Lembro sempre que ele não é do tipo sexo pelo sexo. Não quer algo meramente descartável. Suas palavras de amor vêm do subsolo, lá onde estou implantado também como a sua verdade. Por mais difícil e complicado que seja conhecer alguém, eu o conheço. Tenho certeza de seu amor. O que me basta. Me dá lastro. Minha mente não fica mais perturbada, minha imaginação não amplifica fantasmas. Nem tenho a alma inflamada por dúvidas. Exaltação, sim. Me sinto alçado às alturas. Parece que pairo sobre a realidade. E Oba é minha alavanca. Fazemos nossa imersão num circuito que se confirma mais e mais como algo rotativo em que ele chega a mim, eu chego nele e nós dois nos encontramos sem oscilação, sem cambaleio, sem balançar qualquer coreto. Há intercâmbio. Absoluto intercâmbio. Nenhuma insuficiência. Temos trânsito livre entre um e outro. Mão dupla. E a passagem para cada esfera de nossas vidas se dá com a densidade da interpenetração. Somos arremessados ao infinito a cada encontro nosso. E não é preciso muito. Basta estarmos juntos. Basta olhá-lo como agora. Bastam seus olhos, seu sorriso. Remamos num barco que construímos a dois. Implantados um no outro. No injetar constante de energia mútua. Nos embebemos de nós mesmos. Temos uma argamassa forte. O caldo é grosso. Suculento. Nada, nada vai nos separar. Isabel pode tentar o que quiser para ficar comigo. Jamais vou ceder. Nada em minha natureza me faz pender para ela. E qualquer dia desses vou levar um papo definitivo com ela. Vou abrir o jogo. Dizer quem sou. Contar tudo sobre mim e Oba. Nem imagino que tipo de reação ela terá. E nada importa mesmo. Dispenso aprovações alheias. Nossos selos estão bem grudados. Não é uma Isabel da vida que trará cavacos para nos atrapalhar.

O mundo saturnino se eclipsou.

Seja por efeito do remédio, seja por efeito de Oba, a crise de enxaqueca nunca mais retornou. Minha cabeça está leve, sem os grandes transtornos de outrora. É como se certa máquina interna alisasse o terreno e tenho muito mais planícies que depressões ou elevações bruscas no meu território interno.

Foram à livraria Cultura, no shopping Curitiba. Rodaram pelo espaço maravilhoso e ficaram empolgados com a concepção arquitetônica do lugar. Israel comprou uns livros de Mia Couto e Oba, uns de Ondjaki. Para depois trocarem mutuamente os volumes. No café, curtiram o momento, sentindo-se provincianamente numa cidade muito maior do que Curitiba. A circulação de pessoas era grande. E todas com uma sacola na mão. Bom sinal. Beberam o café calmamente, trocando impressões sobre a livraria, o clima da livraria, a importância da livraria para a cidade. E falaram de si. Depois desceram e nas escadarias do shopping fumaram com gula seus cigarros. A tarde estava impiamente convidativa. Então foram andando devagar até um longínquo hotel lá na Saldanha. Todavia, o espírito que os animava era o que emanava dos livros, a disposição para ler o novo da África e Oba brincava:

— Meus conterrâneos estão abafando. Antes falavam por eles, agora eles falam por si. A colônia se projeta sobre a metrópole e se faz ouvir com agudez. Meus negros companheiros estão inventando seus países também por meio da literatura.

Tia Júlia, irmã da mãe de Israel, teve o primeiro filho aos trinta e um anos. Ela liga para ele:

— Oi, meu sobrinho querido, como vão as coisas?

— Tudo bem, tia. A vida de asas abertas.

— Que bom, meu fofo. E a faculdade?

— Ah, aquela nheca de sempre. Sem grandes novidades. Lendo aqui, eu aprendo muito mais. Nem precisaria ir às aulas que não acrescentam nada.

— Este é o meu sobrinho cabeça. Você sempre foi ligado nos livros mesmo. Deve saber tudo e mais um pouco.

— Também não é assim, né, tia.

— Querido, estou te ligando por um motivo muito especial. Você sabe que há umas semanas nasceu meu filhote.

— Claro que sei. Só não fui visitar a senhora porque não deu tempo. Mas parabéns. Deve ser maravilhoso ter um filho. Ame bem o bichinho, para que ele cresça saudável.

— Ah, quanto a isto pode deixar. Amor aqui não falta. Sufocamos esta fofura de tanto carinho.

— É isso aí...

— Mas como eu ia te dizendo, estou ligando, porque quero convidar você para padrinho...

— Eu?! Mas que responsa.

— Você merece. É meu sobrinho preferido. E um detalhe: você tem namorada?

— Não, tia. Por quê?

— Porque se tivesse, ela seria a madrinha. Mas você já deveria ter uma namorada.

— Como, *deveria*. As coisas não são assim. *Ter* uma namorada depende de muitos fatores e na correria do dia a dia nem dá tempo de pensar nisso...

— Ih, acho que você está deixando o melhor tempo da vida passar em branco. Por que não namora alguém? facilitaria o meu trabalho.

— Ora, tia, não namoro ninguém porque não encontrei ninguém na minha. Lembre que estou estudando e não tenho tempo para desperdiçar. Quero ter uma boa base para ser um professor de primeira.

— Que pena! Então vou convidar outra sobrinha minha, a Verônica. Você conhece?

— Conheço mais das festas em família. Não tenho nenhum contato. Mas para mim está bem assim.

— Então fica combinado. Você e a Verônica. A data ainda não está marcada. Mas certamente será daqui um mês mais ou menos.

— Tudo bem tia, combinado.

— Então tchau e um grande beijo. Outro para a mana.

— Um beijo. Pode deixar que eu falo com a mãe. E obrigado pelo convite. Qual vai ser o nome do piá?

— A gente pensou em Israel, em homenagem a você. Mas não decidimos. Talvez seja Daniel. Pelo menos rima com o seu.

— Então tudo bem. Um beijo.

— Outro.

O mundo soturno não tem mais razão de ser. Perdeu todas as raízes. Oba é como um ácido que corrói qualquer motivação para angústias e expectativas negativas.

Dependendo da noite, do cansaço, da ocupação dos pais, Israel espera Obadiah chegar do supermercado. Lá pelas 22:45 ele abre a porta do seu quarto. Israel dá um tempo. Põe os chinelos de lá e desce a escada devagar. Uma leve batida na porta. Oba abre a porta. Abre os braços. E os dois se encontram.

Uma vez ou outra, quando precisa trabalhar aos domingos, o dia de folga de Obadiah é a quinta-feira. Além de cuidar de suas coisas – organizar o quarto, lavar a roupa íntima, já que da outra a mãe de Israel faz questão de cuidar, Obadi gosta de dar um trato na horta que a família mantém nos fundos do terreno. Lembra de quando morava com a tia, precisava ajudá-la na pequena plantação de verduras que ela tinha ao lado da casa. Então sujar-se de terra lhe faz bem. Regar as plantas, vê-las crescer. Um pouco das saladas que são servidas na cantina sai dali. Seus longos dedos enterram-se no barro, enquanto Israel o assiste da janela do seu quarto. Este vê o corpo curvado do outro. Tenta imaginar o que ele sente. Que recordações traz do nordeste. Como é viver sem ter praticamente nenhuma referência familiar, a não ser uma tia. Ultimamente, Obadá apareceu com uma novidade: em São Paulo, salada de alfafa está na moda em muitos restaurantes. Então ele vem se dedicando ao plantio deste vegetal. Procurou na internet algumas receitas e fez para a família. Gostaram. Dependendo de como se desenvolverem as plantas, poderão oferecer o novo prato na cantina, com o nome de salada à Oba. Israel vê o amigo em suas lides. Só para sacaneá-lo, toma de seu celular e liga:

— E aí, granjeiro, está dando conta de todas as pragas que comem suas plantas? O cavalinho aqui está à espera de novo prato de alfafa.

Encontrei um sósia de Oba: Ademilson, jogador do São Paulo. Mesma cor, mesma carapinha, mesmo tipo de rosto. Só que Obadi tem as orelhas mais junto ao crânio e os lábios carnudos, formando também o biquinho que o atleta possui. Obadá não gostou muito de ser comparado com um jogador de futebol. Achou vulgar. Garanti que ambos são gatos e atraentes. Mesmo assim ele prefere encontrar alguém parecido no mundo das letras. Preconceito?

Israel faz a barba com a porta do banheiro aberta. Sua mãe se aproxima:

— Que pele você tem, meu filho. Nenhuma manchinha, nenhuma ruga.

— Ôrra, mãe, sou jovem. Só faltava eu andar por aí com a cara encarquilhada.

— Eu sei. Mas me dá uma inveja... Lembro quando eu era mocinha... A pele lisa..., viva, aveludada...

— Mãe, tudo isso é de menos. A senhora já tem 47 anos. Alguma marca do tempo tem que aparecer. Não vou ficar sempre assim. E eu acho legais as suas marcas. Pelo menos mostram que a senhora tem uma caminhada...

— Tô em decadência, isto sim.

— Não esquenta com bobagem, mãezica. Há pessoas com problemas graves, como doenças. Aí sim, é de esquentar a cabeça.

— Eu sei, meu filho, eu sei. Mas é duro ver você em plena florescência quando já tô na curva da descida.

Conheci "A tempestade", de Giorgione, como capa do livro de Mark Helprin, *O soldado da grande guerra*. Depois fui para a internet e fico horas contemplando o quadro. Ele me impressiona. É misterioso desde o título, porque a rigor, não há uma tempestade. Pelo contrário. O quadro exala uma luz intensa. No primeiro plano, à direita, a mulher semi-nua e rechonchuda amamenta uma criança. À esquerda, o que acho ser um pastor, porque tem uma espécie de cajado numa das mãos. Mais atrás, árvores esguias de um verde musgoso dão ao quadro uma plasticidade toda especial. Indo para o fundo, uma base com duas colunas quebradas e no plano final, uma espécie de castelo em forma de muralha e uma ponte a atravessar toda a paisagem. O céu com nuvens plúmbeas – talvez a razão do título. Entre elas não sei o que há, se raios ou restos da luz na fímbria das nuvens carregadas. Mas o que me chama a atenção na pintura é o pastor. Ele veste roupas típicas da época, claro. Uma jaqueta curta, vermelha e lustrosa e um calção muito justo. Aí está um toque que agudiza meu olhar. Neste calção, o sexo avulta com um volume muito expressivo. Forma uma espécie de cacho bem visível. Por quê? Estará ele excitado com a mulher quase sem roupa? Ou é o modo como os rapazes daqueles tempos andavam: a roupa ajustada ao corpo para mostrar seus dotes? E, se ele está excitado, não virá desse fato a tempestade? Ele atravessará o riacho que o separa da mulher e a atacará? Será capaz disto? A mulher se expõe consciente ao perigo? Ou ela é esposa dele e o rapaz simplesmente contempla o gesto maternal e alegórico da amamentação, satisfeito com sua paternidade, e o sexo volumoso é só um símbolo de sua fecundidade viril? Seja o que for, aquele sexo tão exposto, tão visível me incomoda, chama meus olhos.

Quando vovô morreu, a cantina foi herdada por meu pai, filho único. Chamava-se Cantina Italianíssima. Eu não gostava do nome. Além de vulgar, era brega e não marcante. Levei o pai até o computador e mostrei o quadro "A tempestade". Ele gostou. Disse que era "interessante", o único adjetivo que ele usa para marcar algo que o agrada. Então sugeri que ele mudasse o nome da cantina para Giorgione. No começo ele repeliu a mudança. Achou enrolado, com muito *g* e difícil de pronunciar. Alegou que teria muitas despesas em mudar a razão social da empresa. Fiz umas pesquisas e descobri que não precisava nada disto. Continuaria com o nome original e usava *Giorgione* apenas como marca de fantasia. Chamei a mãe para meu lado. Mostrei o quadro. Para ela é "maravilhoso". Ela gostou de minha sugestão. Depois de algum tempo, meu pai desfez a resistência e aceitou alterar o nome de seu negócio. Assim nasceu a Cantina Giorgione. Pequena, mas aconchegante. A comida tem um toque caseiro da mãe. Vive cheia. E permite que a gente tenha uma vida com certa comodidade. Então um dia papai entrou em contato com uma empresa que lida com cartazes e quejandos e mandou reproduzir o quadro em dimensões médias e o expôs na parede que divide o local dos comensais da cozinha. Vibrei. De uma sugestão minha a uma atividade do meu pai. Nem houve abismo tão grande. E ele demonstrou que havia realmente admirado o quadro. Deu os dois braços a torcer.

Ao escrever sobre Giorgione, Vasari reflete a respeito da conquista da virtude e o desenvolvimento das qualidades de um artista. Critica aqueles que se acomodam sob os elogios. Não é o caso de Giorgione. Este, mesmo quando atingiu um nível de prestígio, continuou a estudar muito. Amante da natureza, julgava que suas obras eram inferiores a ela. Por isso, procurava imitá-la com perfeição. Além do pincel, era mestre também na música. Tocava alaúde. Cantava nas festas. Sua voz era do agrado dos ouvintes. Morreu aos 34 anos, contaminado pela sua mulher que adquirira a peste. Seus amigos lamentaram muito a sua morte. A perda de um talento.

Gosto de ficar deitado com Obadiah. Ficamos abraçados frente a frente. Os sexos se tocando. Acaricio suas faces, suas costas, seu peito liso, as nádegas firmes. Sempre que passo a mão nelas, percebo a colina que sobe a partir do fim da coluna, se arredonda elevada e desce em direção às coxas. É uma bunda de respeito. Seu corpo não tem pelos. Nisso somos iguais. Enquanto nos acariciamos, vamos conversando sobre nós mesmos. Que caminhos tomaremos a partir daqui. A gente se beija com gula. Como se fosse a primeira vez. Sua língua de serpente se enrosca na minha. Depois, lambe meu pescoço. Circula meus mamilos. Chega a meu sexo, onde faz estripulias. Obadi tem um dinamismo vital na cama que me arrebata. Sua paixão é visível. E ele não mede esforços para expressá-la. É como eu, afinal. Assim, nos amamos tanto e fazemos questão de demonstrar um ao outro. Não economizamos recursos. Reinventamos a arte do carinho. E a cada instante nossos corpos se renovam. Esquecemos o mundo. Na cama, abraçados, as mãos explorando as maravilhas, realmente nos comungamos. Um dentro do outro, apascentamos o mito do amor eterno. O amor é eterno nesses instantes de complementação.

Outro sábado. Balada. Eles resolveram ir à Sidewalk. Subiram as escadas e encontraram um ambiente pequeno, quase claustrofóbico. No meio da pista de dança, um estrado. Alguns rapazes subiam ali e dançando tresloucadamente, iam tirando a roupa. Com a camiseta na mão, faziam revoluteios frenéticos no ar. Depois baixavam as calças. O sexo avultava na cueca. Corpos suados, perfeitos. E deles escorria a vulgaridade. Mesmo belos, tresandavam ao vulgar. Pareciam ter apenas aquele momento na vida e que esta se resumia nisto: mostrar o corpo, exalar bestialidade instintiva, ser movido pela pulsão mais elementar de chamar o outro para o sexo. Muitas mãos percorriam suas coxas e bundas e paus. Eles gargalhavam. Talvez no seu vazio, não tinham nem consciência de quanto estavam amortizados pela bebida, pelas drogas. Se entregavam àquele momento como se fosse o único porque, longe dali, não havia nada, só a solidão. Eram chamativos, jovens e sensuais. Queriam impor seus corpos aos olhos de todos. E os impunham. Queriam ser o centro da festa, apelar para a sua sensualidade porque em troca viria um sexo rápido, um gozo efêmero. E nada mais. Nenhum deles buscava o amor. Apenas o prazer. O prazer que é uma convulsão física. Não passa disso. Só os que estavam por perto se embeveciam com a licenciosidade, a pequena volúpia de um toque. O restante olhava com olhos reprovadores e cuidava de si e de seu parceiro, como acontecia com Israel e Obadiah. Abraçados eles dançavam com os corpos colados, os dois corpos que se amavam. Que não precisavam exibir nada, nem comprovar nada, porque o que vinham vivendo era o amor e este dispensa o fútil. Aqueles michês, segundo Obadi, vibravam em sua vida oca. Israel e o parceiro se preenchiam ainda mais com a substância que eles sabiam exalar desde o primeiro instante em que se enlaçaram. Foram até o balcão. Pediram o invariável gim-tônica. Depois, Oba sugeriu que fossem para a área dos fumantes. Lá, numa pequena varanda, se recostaram à parede, colocaram os copos no chão. Pegaram seus cigarros e Oba os acendeu. Na primeira tragada, o negro agarrou o loiro cacheado e o beijou com fúria, murmurando: te amo, cara, e arcando seu corpo sobre o corpo do outro. Israel ficou quase surpreso. Agora era Oba que parecia precisar mostrar ao mundo a sua paixão. A paixão que enleia. Os braços de Israel apertavam o corpo do amado e respiraram juntos por um bom tempo. Obadi disse:

— Não estou gostando deste lugar. Uma gentaiada esquisita. Parece que abriram as portas do inferno. É tudo muito vulgar.

Israel olhou ao redor. Pensou e depois concluiu:

— É, este ambiente não é dos melhores. Muito vulgar mesmo. Muita bichinha escrota com seus gritinhos histéricos. É este pessoal que estraga o time. Banalizam tudo. Se fazem de caricatura de mulher e todo gay paga o pato, porque passa a ser considerado igual. Falou gay já vem na mente das pessoas tais estereótipos.

— Vamos embora?

— Vamos nessa.

Obadiah pegou as duas comandas e fez questão de pagar as despesas.

Circularam pela cidade. Passando pela praça Osório, viram que ela regurgitava de garotos de programa. Israel foi dirigindo bem devagar. Os carros paravam. Os meninos se inclinavam na direção do motorista. Um breve papo. Se erguiam e levantavam a camiseta até o pescoço, certamente para revelar suas qualidades físicas. O motorista apalpava o sexo de um ou de outro. E o escolhido logo entrava no carro. Oba refletiu:

— Será que eles têm consciência do perigo que correm?

Israel não falou nada. Acelerou. Ergueu o volume do som e Pizzarelli encheu o carro com sua música.

Rumaram pela avenida que dá saída à Ponta Grossa. Aportaram no motel My Flowers.

Lendo *Bom-crioulo*, Israel chegou ao trecho em que o negro está devastado pela paixão por Aleixo: "Estava satisfeita a vontade de Bom-crioulo. Aleixo urgia-lhe agora em plena e exuberante nudez, muito alvo, as formas roliças de calipígio ressaltando na meia sombra voluptuosa do aposento, na penumbra acariciadora daquele ignorado e impudico santuário de paixões inconfessáveis... Belo modelo de efebo que a Grécia de Vênus talvez imortalizasse em estrofes de ouro límpido e estátuas duma escultura sensual e pujante. Sodoma ressurgia agora numa triste e desolada baiúca da Rua da Misericórdia, onde àquela hora tudo permanecia numa doce quietude de ermo longínquo."

Israel levanta os olhos do livro. Pela janela vê as árvores, em especial os pinheiros lá fora, no fundo do quintal. Pensa. Avalia.

Sua mente escorrega para Obadiah. Não quer comparações. Só acha que Adolfo Caminha teve muito peito para escrever um romance de tal calibre em 1895. Se hoje o tema é problemático, imagina naquela época. Não por acaso foi desterrado da história de nossa literatura.

Penso escrever um livro sobre minha história com Oba. Tenho duas opções: faço um texto introspectivo, com digressões, desenvolvendo meus pensamentos a respeito da vida, do amor, de Obadi. Aí coloco uma constelação de impressões que venho vivendo desde que iniciamos nosso relacionamento e até antes – a angústia de amá-lo e não saber se ele estaria em minhas águas. Abordaria o labirinto aberto pela emoção de amar alguém. O transporte que tenho para um outro patamar a partir do instante de sua chegada em minha vida, uma vez que fui sempre sozinho e Obadiah revolucionou tudo. As emanações que sinto com sua presença e com sua ausência. Seria um livro mais íntimo. De sondagem interior. De palavra puxando palavra para criar uma espécie de mosaico em que minha mente se expõe. Procuro prospectar lá no fundo de mim e captar o maior número possível de nuances de minha vida particular. Uma espécie de retrato das circunvoluções lá de dentro. Sem ser psicológico, que não tenho instrumentos para tanto. Mais assim como uma panorâmica intimista de minhas reações, do meu crescimento, de quanto mudei desde que nossos caminhos se cruzaram e ele passou a ser o centro. Claro que neste livro não acontece quase nada. Tipo assim um diário de percepções. Procurando as filigranas. Captando as epifanias repentinas que brotam às vezes só de olhar para ele.

Nossas conversas infindáveis. Cada coisa que veio prover meu ânimo de nova densidade. Dois centros: eu e Obadi. Dois centros entrelaçados nos agregados da fusão que criamos. Outro caminho seria um livro mais objetivo, mais direto. Pequenos blocos contando o que nós somos. Sem uma continuidade muito temporal. Lanço os fatos e não os cerco de reflexões. Um diário de feições mais factuais. Sem buscar o roteiro de labirintos. Flashes. Notas de leituras. Instantâneos. A linha condutora é nosso relacionamento, mas sem que eu me obrigue a uma cronologia. E sem mergulhos no que me anima. Um livro em que também falo de minha família de raspão. Da cantina, só como lugar de trabalho. Do pai e de sua labuta. Em que deixo os elementos meio soltos para o leitor fazer as ligações.

    Menelau, em *Leucipeu e Clitofonte*, de Aquiles Tácio, propõe uma teoria sobre o beijo dos rapazes: nem refinado, nem mole, nem devasso como o das mulheres, um beijo que não nasce da arte, mas da natureza: néctar colhido no gelo e transformado em lábios, eis o beijo simples de um rapaz no ginásio – voz de Foucault, no terceiro volume de sua *História da sexualidade*.
    Obadiah e Israel nunca se preocuparam em classificar os seus beijos. Eles simplesmente beijam. E muito. E sentem a saúde do gesto.

    Francis Bacon, o maior pintor da Inglaterra do século XX, viveu uma situação especial: um ladrão assaltou sua casa uma noite. Foi convidado para tomar com o pintor um copo de leite quente. O gatuno ocasional era um pugilista amador: George

Dyer que se tornou num sucedâneo sem fim amante, modelo, muso e capacho do artista. (Retirado da *Folha de S.Paulo,* de novembro de 1999.)

Oba assaltou o coração de Israel e ali se instalou com total conivência do assaltado.

Num final de semana, resolveram fazer um tour pelas livrarias da cidade. Começaram pelo Chain, que fica atrás da universidade. Passaram pela Top Livros, que vende saldos de livrarias a preços irrisórios. Ali encontraram dois romances de J. R. Duran que não sabiam que também escrevia. Foram à Curitiba, na Boca Maldita. Outra vez na Cultura, no shopping Curitiba. E terminaram a jornada na Arte & Letra, do Tiago e da Iara, um pequeno paraíso entre as torres da cidade. Saldo: *Santos* e *Lisboa*, de J. R. Duran; *Geração subzero* – 20 autores congelados pela crítica, mas adorados pelos leitores, organizado por Felipe Pena; *Os íntimos*, de Inês Pedrosa; *O mendigo que sabia de cor os adágios de Erasmo de Rotterdam*, de Evandro Ferreira; *O lobo atrás do espelho*, de Fausto Wolff; *Carne viva*, de Paulo Francis; *Afinado desconcerto*, de Florbela Espanca (cartas, contos, diário), em organização de Maria Lúcia dal Farra; *Foco*, de Arthur Miller; *Livro das horas*, de Nélida Piñon; *Solidão continental*, de João Gilberto Noll e *City boy* – minha vida em Nova York, de Edmund White. Dividiram a conta. Agora a briga fica com quem começa a ler o quê. Como se nos respectivos quartos já não houvesse pilhas de "prioridades" esperando a sua vez.

Desde Oba – a veemência. A comoção. O enlevo. O arquejo. O arroubo. A vibração. O ânimo. A maravilha. A magia. A fascinação. O deslumbramento. O assombro. A grandeza. A faísca. O fervor. A idolatria. O ardor. A dedicação. A nutrição. O apego. A intensidade. A excitação. O tresvario. A tempestade. O encanto. A reorientação. O amor que não teme viver seu nome e seu adjetivo.

Você é a figura doce que tudo embala.
Suas inesperadas declarações de parênteses do futuro que vem de grotas do oceano, de encostas de montanhas do outro lado do mundo, de cascatas em degraus, onde o peixe mastiga borbulhas de água e sabe que é feliz por ser rubro.
O viscoso momento em suas sílabas é delícia a beber com vagar.
Simples, nunca rude, com entrada nas fatias mais sofisticadas do saber, você sabe reverter tudo em encanto da sempiterna disposição de encarar o fato logo ali.
Você oferece decisões inesperadas.
Você marca o campo com oferendas trazidas de antigo carvão, agora o diamante de Kolody.
Voa de um lado a outro.
E muitas vezes bate as asas em contradição.
O que é sua consistência.
Seu pensamento é galopante, porque quando põe uma palavra aqui, em verdade uma frase já se esboça lá na cena distanciada e entre o este aqui e o aquele lá, há traços de uma conjuntura celebrada com o gosto de ser inteiro em suas certezas.
Nada de pântano com você.

Vive na condição de passarinho ciente do ninho a ser feito.

E o elabora com eriçados da planície.

E nunca recua.

E você é bom.

Amarrota a simplória lisura do cotidiano com a febre soberba das crateras.

A fúria da doce febre se metamorfoseia em você na lagarta da língua dos antigos que buscavam a alquimia.

Você sabe reter a fonte da juventude, se não eterna, perene.

A voracidade carnívora das suas exposições é tão pigmentada que os vidros se trincam.

Você reverencia o pequeno deus das esquinas.

Leva até ele o que amealhou em seu corpo mercurial.

Dilata o faro para os parênteses que você quer abrir, e tudo é encantamento.

Na calibragem de suas peças, você deposita este óleo de jovem em plano de fuga para fazer pleno o amanhã.

Oferece envelopes de luz a cada gesto e as mãos são grandes, elas são catedrais, e das mãos soergue-se o caniço da ventura.

Máximo em você é saber a hora de depositar na mesa a palavra.

Seu sentimento é protagonista sempre no crivo da hora.

A hora lhe acompanha, no seu cheiro ácido de garimpeiro negro das crostas do cotidiano, ali, onde você sabe ser.

E sabe ser com os propulsores a mil rotações.

Seu vigor juvenil é um tigre.

É uma pantera.

Dispensa você a biografia invertebrada de todos nós, pois sua vida é um doce alento a quem atravessou o deserto e não soube decifrar as tempestades de areia.

Curte ser na sombra breve e na sombra longa, logo travestidas de sol, uma vez que o imenso dorso do fazer é um alívio de eixo em total arguição com o entorno.

Em você vive a graça.

Até parece figura bíblica.

Não desta torpe bíblia cheia de sangue, tormento, fúria.

Da bíblia de composição poética em que cada versículo está grafado com relances de geometria feita de voracidade terrena.

Porque você é voraz.

Porque você é inteiro.

Porque as notas afiadas do seu pensamento tão explícito brotam de poros que luzem na sofreguidão da noite.

Tem você clemência com o corpo.

Lânguido e fino, você faz sua pele transformar-se em pergaminho e ali se lê muito do que não líamos há tempos nos grandes escritos.

O seu convicto jeito de ser é uma postura, uma atitude.

Quer porque quer.

Imperador de manto translúcido a mostrar sua sinuosidade africana para meus olhos incansáveis de contemplar a beleza gozosa.

E quer ultrapassar aquela coxilha em que todos pastam o grão comum.

Insinuante, belo, risonho investe sua disposição aos quatro ventos.

E os ventos se reúnem em seu peito.

E seu peito eclipsa as luzes do ambiente.

Você é uma parábola zen muitas vezes, muitas.

E o que salta desta história tem um cordeiro não imolado e sim um cordeiro saltitante na própria solidez de seu pelo bom.

Seu noir tosão guarda brilho de pérola negra no pasmo extático.

As gotas do fluido do corpo e da alma dardejam configurações de nomes angulosos.

No equador da vida abre as janelas.

As janelas adocicam o grau do sal.

Reveste a perfeita cara do formidável porque é formidável em palavras e ação.

Manobra os barcos.

Os barcos inclinam sua fronte diante de você, se fazem submissos, pois você sabe a rota.

Sabe o mar.

Sabe à mar.

O mar lhe sabendo transporta as praias com algas de cumplicidade.

Os memorandos da precisão da sua calma são assim algo preciso.

Esta palavra na boca, esta palavra na pele, o manto de conjeturas.

Os teoremas se juntam, as equações se abrem e anteveem o grito máximo das nuvens.

De você raios em crispação brotam para o prazer do contato.

Há um êxtase.

Cobre as brechas.

A tez saudável é o cálculo de toda uma vida.

Não desperdiça os guarnecimentos.

A mesa ao seu lado tem o pão.

Carmíneo é o verso e o reverso do que compõe deleitando-se com as rendas do dia.

No centro do dia a presença magna.

Ao seu redor, as falenas machadianas não morrem na luz envenenada.

Elas tomam a rotação do fragmento.

Depois costuram em outro cada trajeto até a fonte do benquerer.

É adestrado para as máximas.

A respeito do que se diz da vida, diz tudo.

É um rapaz nas eclusas desta longa hora logo breve.

Encanta a paisagem da cidade.

Na garoa, vestido de branco, sua preferência, é a perícia de Homero a cantar os mitos revividos em torno da távola.

Para falar a verdade, nenhuma palavra tem refém.

É assim você uma espécie de abertura em semifusa e põe a nota no único pentagrama que a humanidade não inventou.

Em riste, vai até o próximo espaço.

Bota um ovo de madrepérola.

Compõe a poesia agreste e na roca da sua precisão sabe costurar o manto, além, além daquele de Bispo do Rosário.

Não para a morte.

Para a vida.

Esta – turbilhonante.

Na sua linfa pequenos seres olham para trás e percebem que falta andar mais um pouco.

Esgaravata o sentido, o breu, o baú.

Na sua baia, estes animais soberbos de pelos lustrosos.

E muito haveria o que falar.

O que falar quando os enigmas oníricos desvelam-se na platitude calma do seu jeito de ser.

E ser desta forma: exato feito a matemática.

A geometria.

A profusão selvagem da vida em sangue inteiriço.

Nutre suas pálpebras com o olhar em alfazema.

Suas cordilheiras oferecem o improvável mel da esfera em que circula.

Nada em você é improvável.

Sussurrante fala alguma coisa a algum ouvido.

Demove a imobilidade.

Os acordes do rapaz em adejo daquelas longínquas savanas a esconder poços.

As representações sensoriais do seu enigma saltam no ar como arabescos de covas nômades.

Se a beleza às vezes tem um ar de insulto à racionalidade, a que se estende a partir de sua face é benéfica e visionária.

Artefato a ultrapassar o lacunar e deixar nestas mãos a matéria de núcleo duro, firme, ferro, cimento, túrgido, pois de você só se insinua a graça.

E a graça é o beneplácito, a paz na junção dos dias.

E a paz na junção dos dias é o vibrante chegar a um porto com as matas em ordem, o mapa bem demarcado, o projeto de ir a partir do ficar com você num dia após o outro dia, neste minuto de hora crepitante.

Em você chegamos.

E quem é que tem a sorte de realmente chegar quando tanto embaraço se fez por aí?

A negritude de seu corpo colado no meu esfola meu veludo e arranca minha seiva em pequenos esguichos de furor benigno.

Porque em você eu volto a mim.

Seu corpo de sinuosidade viril sabe modelar-se ao meu e juntos podemos varar as paliçadas e as engrenagens que se querem neutras e são suntuosas para o mando do amargor.

Em cada célula de seu físico minha liberdade canta.

O louvor é pequeno para tal elevação da carne e do espírito.

Em sua pele nunca maculada vai minha língua pastando a energia da minha vitalidade para continuar em você e com você, sem nenhuma ameaça da náusea.

Ao teu lado minha branquidão se tinge de África e sou misto, híbrido e pardo e ganho de sua gleba masculina a intensidade de ser homem.

E assim te amo, me caracterizando como um homem dentro de outro homem, os dois ajuntados sem fissuras, apenas aquelas que fazem parte do ato de amar a dois.

E assim te amo – meu poder.

Ao acabar de escrever um texto sobre Obadiah, Israel o lê devagar. Julga que o mesmo está um tanto cantante, quase retórico. Percebe uns ecos. Como é uma espécie de prosa poética, acha que dá para passar. A intenção não é fazer literatura. Apenas escrever de um modo não banal o que sente pelo companheiro. Procurou imagens não batidas para retratar como o negro ressoa dentro de si. Espera que Oba goste do produto final. Faz uma cópia. Dobra-a com cuidado. Envelopa. E a empurra por baixo da porta do quarto dele, Oba. Quando ele chegar do supermercado, terá a pequena surpresa. Uma forma simples de lhe fazer um tributo. O Neguinho merece.

Sêneca tira sarro das casas em que há muitos livros. Acha que os donos só querem se mostrar, ostentar sabedoria, quando os livros nem foram lidos. Para ele, uma grande quantidade de livros é uma carga para quem deseja estudar. A quantidade não leva ao conhecimento. Para ele, deve-se dedicar a poucos autores. Por isto, nem deu muita importância para o incêndio da Biblioteca de Alexandria com os quarenta mil rolos incinerados. Não sou nada. Mas discordo de Sêneca. Para mim, ir pelo labirinto dos autores traz base segura para se construir o prédio do conhecimento. O negócio de se dedicar a um ou outro autor resseca a mente. Quero conhecer o quanto mais possível, aproveitar minha juventude para soldar bem as engrenagens. Restringir-se a dois ou três e se acaba como nossos professores: um só lê Drummond, outro, só Murilo Mendes, outro, só Milton Hatoun e se você vai conversar com eles sobre algum autor contemporâneo, não têm a mínima noção de quem se trata. Detesto ficar assim. Sou metralhadora giratória. Vou pela intuição e, até agora, o resultado tem sido positivo. É só ver como vou bem nas aulas de literatura. Dispenso uma organização racional do esquema de leitura. Vira um deserto intragável. Prelibando o que vou ler, degustando aqui e ali, conheço livros e autores e formo *meu* caminho, sem ficar preso a um único veio. Se sou bibliômano, quem me diz que a dedicação a poucos autores é o mais produtivo?

Andaram conversando sobre a possibilidade de comprar alianças de compromisso. Discutiram que inscrições farão nas mesmas.

Como a semana foi de provas e estavam muito cansados, nada de balada no sábado. Optaram por filmes e viram "Crazy", "Taxi Zum Klo" e "Má educação". Passaram horas discutindo detalhes de cada um. Concordaram que em todos há um traço de amargura pela condição homossexual.

No domingo, passearam pela cidade. Deram uma parada na Catedral Metropolitana, na Praça Tiradentes. Subiram os poucos degraus. Havia mendigos estendidos, com as mãos esticadas em busca de moedas. Entraram na ilha de silêncio, penumbra e frio. Sentaram-se na última fileira de bancos e ficaram contemplando a beleza do recinto. Oba disse que o lugar convidava à meditação. Israel disse que era um apelo à transcendência. Mas como Deus não é assunto para a praia deles, saíram devagar, Oba com um braço sobre o ombro do Polaquinho. Dali foram até o shopping Estação para ver se encontravam um outro filme interessante. Primeiro uma coca com vodca na praça de alimentação. Voltaram para casa no fim da tarde. Estenderam cadeiras de praia no fundo do quintal e enveredaram pela discussão dos filmes vistos ontem. Israel achava que em "Crazy" a temática homoerótica foi tocada de forma muito tangencial. Enquanto Oba fez reparo ao "Taxi Zum Klo":

— Se Frank Ripploh faz um filme autobiográfico, tudo bem. Se ele representa a si mesmo, tudo bem. Se o personagem tem compulsão sexual, o problema é dele. Agora, não entendo como alguém que tem um parceiro fixo que o ama, cuida dele, faz tudo por ele, mesmo assim Frank tem de sair por aí em busca de mais sexo. Para mim a situação demonstra que não há amor da parte dele pelo amante. Por que uma pessoa não pode se dedicar a um parceiro? Ficar só com ele? Não entendo a necessidade, que para mim é doença, de ir em busca de prazer e mais prazer, só com o objetivo de dar umas gozadas a mais. Se eu tenho você e amo você, você me completa. Não preciso sair por aí em busca de aventuras passageiras. É o que mata o amor. É só a animalidade aflorando, como já disse mil vezes. Já pensou, Polaquinho, se eu me jogasse na noite, deixando você em casa?

— Não gosto nem de pensar. Além do ciúme, que desestrutura tudo, seria tomado pelo ódio e aí bye-bye darling...

Naquela noite, se recolheram mais cedo. Transaram enquanto as energias permitiram. Depois, Israel deitou sua cabeça sobre o peito suado de Obadiah e escutou o coração dele acelerado, enquanto o Neguinho percorria a coluna suada com os dedos para cá e para lá. Oba falou devagar:

— O sexo entre a gente está ficando cada vez melhor.

— Também acho. Quanto mais a gente se entrosa, mais se conhece. Quanto mais se conhece, mais o corpo se abre a novas explorações e o prazer cresce. Estamos encontrando as chaves para abrir a porta das cavernas de cada um. Aos poucos descobrimos os pontos erógenos que mais excitam o outro. Nesta balada, conquistaremos o orgasmo permanente...

— Aí morremos sufocados na paralisia...

— Que fazer! Cada moeda tem dois lados, não é assim?

Israel sonhou que havia ido para o inferno com Oba. O inferno era todo branco, como coberto por penas de ganso. Obadiah tinha passado por uma tintura de cal. Só os olhos lembravam sua antiga forma. A cal escorria pelas suas pernas e se derramava por um solo empedrado. No fundo, ficavam as cavernas de onde vinham os demônios, todos pequenos, pigmeus, com tridentes encurvados e também lavados na cal. Os demônios gritavam, porém Israel não ouvia nada. Os demônios revoluteavam em torno de Obadi que ria a gargalhadas daqueles tridentes recurvados que não alcançavam seu corpo. O negro agarrava seu sexo e o mostrava aos monstros que chiavam como brasa na água. Serpentes emplumadas de branco arrastavam-se nas paredes entre as cavernas. Línguas esguias e compridas de fora colhiam maçãs manchadas de branco e as engoliam num só golpe. Até que apareceu o rei do inferno. Era um demônio-momo, com coroa de lata, branca, e um barrigão estufado de tanto devorar serpentes. Estava nu e seu sexo era minúsculo, feito o de um menino de uns dois anos. O momo queria masturbar-se, mas não conseguia, por causa da barriga, alcançar seu minúsculo membro. Então, enraivecido, abria a própria pança, e soltava as serpentes que corriam até Israel, enredando-se nas pernas dele. Israel pensava numa oração para espantar o mal. Não lembrava de nenhuma. Então ouviu a voz de sua mãe que dizia:

— Olha a árvore, à esquerda..., à esquerda...

Virando-se para a esquerda, Israel de fato encontrou uma árvore frondosa, da qual pendiam pepinos, todos banhados em cal. Ele sentiu uma súbita fome. Queria ir até a árvore. Devorar seus frutos brancos. Só que as cobras não deixavam ele se mover. Pediu ajuda a Obadi. Ele respondeu que não o conhecia. O rosto do Neguinho tingido pela neve da cal soltou-se do corpo e veio grudar-se no peito de Israel como um crustáceo malemolente. O crustáceo ficou rígido e perfurou o peito do Polaco. Israel quis arrancar o rosto de si e viu que tinha nas mãos um pepino enorme e alvíssimo e ao levá-lo aos lábios era o pênis de Obadá. Jogou-o para longe. E lá longe aparecia o Parque Tanguá com uma cachoeira de uvas, agora roxas e negras. Israel amassava as uvas para transformá-las em vinho. Baco, com a aparência do Neguinho, vinha rodando pelo ar, tocando a flauta de Pan. A branquidão de tudo sumiu. Aos poucos o cenário recuperava suas cores naturais. Oba era o negro de sempre. Israel o branquelo de sempre. E os dois se fundiam num só pomo que voltava à árvore da vida e o demônio-momo vinha até eles e os unia por meio da coroa, agora de ouro. De algum lugar surgiu uma espécie de estola com a qual o demônio uniu a mão dos dois. Agora vocês podem viver. Agora um é do outro e não há nada mais que possa separá-los. Os olhos liquefeitos de Obadi brilhavam numa curva de luz que chegava ao sexo de Israel e o sexo esquentava, queimava, se pulverizava. Foi o momento em que o Polaco olhou para o pau do Neguinho e não havia mais nada ali, só um orifício triangular que, para ser penetrado, precisava de um gancho onde ele, Israel, precisava se segurar. Sem entender a nova configuração do seu amor, Israel gritou. E ao gritar, acordou-se. E ao acordar-se, percebeu que o pijama estava melecado, grudado nos pelos e seu sexo ainda latejava de um gozo recente.

"Paisagem da janela", de Lô Borges e Fernando Brant, causa rachaduras no meu peito pouco sólido. Eu, cavaleiro marginal, me sinto transportado para Ouro Preto, onde nunca estive. *Vejo* os casarões, as igrejas, as ladeiras, becos e ruelas e, cercando tudo, as montanhas de Minas. Da janela do quarto de dormir, onde estou com Obadiah sinto o ar telúrico da cidade, o emaranhado de sua história. Saímos tropeçando nas pedras irregulares. Estamos plenos, os olhos cheios de sol, o cais da vida muito próximo. Fazemos a travessia e vamos murmurando coisas só nossas, renovamos todas as promessas. É um instante de glória. Nada atravessa nosso caminho. Vemos homens, rapazes e meninos negros, mas nenhum se iguala a Oba. Eu chamo atenção por este cabelo claro e me olham como se eu fosse um alienígena, um óbvio turista embevecido pelas belezas do lugar. A paisagem é nossa. O momento é nosso e tudo transuda sentimento forte de ser e estar onde devemos ser e estar. Aqui é o umbigo do mundo. Aqui é Ouro Preto para o meu negro feito de ouro. Compramos umas lembranças. Levarei a miniatura de uma igreja para minha mãe. Lembramos de Tiradentes e de tudo o que fizeram com ele. Ele está aqui. Ouro Preto é Milton cantando, seus vocalizes de entranha, víscera, vontade de voar. Chegar até o Pico do Itacolomi numa noite de luar, em pleno janeiro. A turma ao redor do fogo. O violão. Olho para Obadi que ainda não conheço. Fixamos um o olhar no outro. Na hora de dormir, entramos numa tapera e ali nos aninhamos e ali nossos corpos fazem o primeiro contato. Depois nos banhamos, de madrugada, nas cavas de um rio que passa lá por trás. Ouvimos morcegos. O farfalhar das árvores. E tudo é positivo. Nos abraçamos dentro d´água e nos beijamos e nos trituramos, precisando de um outro banho. Pela janela lateral do quarto de dormir vejo tudo e muito mais. Sou um estudante que vem de fora. Cavaleiro marginal. E estou apaixonado.

Obadi está sentado à sua mesa e lê. Chego por trás e o abraço de tal forma que meus braços ficam sobre seu peito. Sinto as saliências, sinto o calor. Mordo seu pescoço. Ele lança um leve "ai" e se vira em minha direção. Nos beijamos nesta noite curitibana meio gelada, eu de meias. Nossas mãos se buscam. Então deitamos na cama e nos despimos e somos de novo crianças.

Israel foi dormir com o coração repleto de Oba. Sentia a solidez incrível de sua vida. Estava centrado de verdade. Não havia conflitos à flor da pele. Suas dúvidas e medos se desmanchavam como espuma. A maneira como se amavam ficava mais explícita com o passar das semanas. O que lhe dava esteio para afastar todas as assombrações.

Passa a sonhar com fogo. Labaredas, explosões, gritos. Ruídos de coisas sendo queimadas. De repente acorda. Pela janela vê um clarão intenso. Toma consciência de que não era sonho. Trata-se na verdade de um incêndio. Ouve uma explosão. Os fogos, os fogos de artifício guardados lá embaixo estão explodindo. Seu pensamento corre para Obadiah. Israel salta da cama e ao tentar descer a escada, vê que esta foi destruída. Então sai pela porta do lado da casa. Desce a pequena colina com a máxima velocidade. Vai ao quarto de Oba. O porão está em chamas. O quarto de Oba, cujas paredes eram de madeira, é um monturo de tábuas e um enxame de línguas de fogo. Encontra Obadi. O corpo dele está muito ferido, deitado quase no gramado, para onde tentou fugir. Muito ferido..., sangue por todos os lados. Israel grita: Obaaaaaaaahhh! Oba mal se mexe. Não morra, não morra, eu te ajudo. Israel lança outro grito para cima agora: chamem os bombeiros. A mãe responde que o pai já chamou. Israel levanta a cabeça de Oba que parece meio desfalecido, mas ainda geme. Não morra, não morra, meu amor. Os bombeiros já vão chegar. Há farpas de madeira enterradas pelo corpo do companheiro. Uma lhe atravessa a garganta. Muitas manchas de queimadura. Uma frieza racional toma conta de Israel. Ele pega um cobertor chamuscado e tenta abafar as chamas em torno de Obadi. Tem pequeno sucesso. Depois, apoia Oba em seu ombro e o arrasta para uma distância maior, gramado afora. Ele é pesado. Mesmo assim, Israel encontra forças para carregá-lo até perto da horta. Fala comigo, meu querido, não se entregue. Oba geme, murmura palavras incompreensíveis, uma baba sangrenta escorre da sua boca. Israel bate no seu rosto. Não durma, não durma, olhe para mim, fale comigo, caralho, fale, seu merda.... Sirenes ao longe. Os caminhões chegam. O pai dá ordens para os bombeiros. Um carro desce pela ladeira. Israel sente as primeiras duchas de água fria dominando o fogo que logo é contido. A mãe e o pai se aproximam de Israel. Querem saber como Oba está. Israel chora e só sacode os ombros. Um bombeiro grita pela ambulância. Ela também desce. Bombeiros examinam Obadi. Colocam em sua face uma máscara de oxigênio. Imobilizam seu pescoço. Com cuidado o depositam sobre a padiola. Dali, o levam para o interior da ambulância. Confusão de vozes. O pai grita muito, querendo organizar a situação e é repreendido pelo sargento. Nós sabemos como agir em casos assim. A mãe soluça desesperada. Israel está perplexo. Como se estivesse num submarino e só ouvisse um zumbido longe. Sensação desconfortável e ansiosa. De modo automático, sobe na ambulância. Ele é da família? É..., é..., é... Ele mora aqui com a gente. Um bombeiro grita para o pai: o que havia neste porão para causar o fogo? O pai responde meio sem jeito: umas caixas de foguetes. Então essa é a causa do incêndio. Vai ver aconteceu um curto circuito. A instalação do porão é antiga. Nunca foi reformada. Ainda bem que a laje da casa é grossa, senão tinha ido tudo pelo ar. A ambulância abre a sirene, sai de ré, quase batendo no carro de bombeiros. Sentado ao lado de Oba, Israel pega na mão dele e mancha a sua de sangue. Os paramédicos se ocupam com os procedimentos. Agulhas na veia de Oba. Soro. Israel está muito zonzo. Não entende direito onde está, nem o que ocorre. Tanto fio, tanto tubo, tanta gaze. A ambulância corre alucinada. Logo chega ao hospital. Israel perdeu a noção de tempo e de espaço. Estão no Cajuru? Mas já? Oba é levado para a emergência. Israel, impedido de entrar, desaba numa cadeira de plástico alaranjado. É tomado por convulsões de choro. Sente o peito oprimido. Um medo terrível. O mundo está terminando. Quer rezar. Não tem a quem. Recosta-se na cadeira. Seu corpo desliza até o chão. A cabeça fica encostada no acento. Fisgadas de ansiedade varrem seu corpo de todo lado. Mal consegue respirar. Só vê o corpo de Oba sangrando, com cortes profundos, fragmentos de pele, a carne retalhada, farpas nos braços, no peito, na barriga, na garganta. Israel sente seu corpo em descompasso. Está obcecado pela incapacidade de agir, de se definir nesta hora. Uma trama vegetal, gosmenta prende seus membros. Tudo converge contra seu peito para esmagá-lo. Sente que vai desmaiar. O terror, o pânico, o tormento. A sombria tristeza como chumbo. Não pode ter acontecido este horror. Por que o pai depositou os malditos fogos no porão? O que aconteceu para aquela merda ter explodido? Vai ver, o próprio pai causou tudo para acabar com Oba. Nos últimos tempos vinha infernizando minha vida para saber o que havia entre nós dois. Por isso tudo atingiu o Oba, logo o Oba. Meu querido, resista. Seja o que for que tenha acontecido com você, resista. Não posso te perder, não posso te perder. Aguente firme. Mais choro. Convulsões no peito ardido. Sabor de naufrágio. Uma vibração horrenda nos ouvidos. Há uma espécie de transe que ameaça levar Israel dali. As lágrimas descem contínuas e quentes e se misturam com o sangue nas mãos. Uma enfermeira vem chegando. Parece que anda dentro de um tanque de óleo. Você é o amigo do queimado? Israel não entende direito o que ela quer dizer, mesmo assim faz sinal afirmativo com a cabeça. Ele será levado para a sala de cirurgia. Está com ferimentos graves na garganta, no abdômen, umas farpas atingiram os pulmões. Então o piso do hospital se transforma em massa mole, piche viscoso. Israel sente-se tragado por ele. Não ouve mais nada. O mundo parou de existir. Seu telefone toca, todavia o som vem de muito, muito longe. É impossível atender. E atender para quê. Diante de seus olhos só escuridão retalhada por flashes de fogo.

Quando dá por si, está numa cama de enfermaria. Uma assistente gorda e lustrosa passa as mãos por seu cabelo:

— Você desmaiou, gracinha. Mas tudo vai ficar bem. Aplicamos uma injeção de insulina. E no sorinho tem um remedinho pra você relaxar, meu bem.

Israel abre melhor os olhos. O pai e a mãe estão aos pés da cama. A mãe chora:

— Filho, como você está?

Israel a encara. É como se estivesse saindo de um sonho ruim, um pesadelo de ruínas. Num átimo, se lembra de tudo:

— E Oba, mãe, como está o Oba?

Ela enxuga os olhos com um pequeno lenço azul:

— Ele ainda está na sala de cirurgia. Tem três médicos cuidando dele. Não se preocupe. Ele vai ficar bem.

Israel sente a cabeça pesada, com zunidos em todas as direções. O corpo está hirto, rígido, sem articulações. Vê o soro ligado ao seu braço. Quer falar, mas não consegue. Tremores nauseantes nas mãos e nas pálpebras que pesam. Ele volta a dormir.

Abre os olhos devagar. Percebe que a tarde está despencando para a noite. O soro não está mais ligado ao seu braço. Levanta-se com lentidão. Apesar de se sentir tonto, como numa ressaca, vai andando em direção à porta que dá para o corredor. Lá estão sentados o pai e a mãe. Esta logo se levanta:

— Oh, meu filho. Você tá melhor?

Ela corre para abraçá-lo. Ele só pergunta:

— E o Oba? Como está o Oba?

A mãe o aperta contra seu seio:

— Calma, filho. Calma, filho.
Israel se desvencilha dela:
— O Oba, mãe. Como ele está?
Ela chora. Novamente o lenço azul sobre os olhos:
— Vem cá, filho, vem...
— Não quero ir. Quero saber do Oba. O que aconteceu. Ele está bem?
Entre soluços, a mãe, com voz entrecortada, murmura:
— Ele não resistiu aos ferimentos.
O pai pigarreia de cabeça baixa.

Ao deslocarem-se para casa, Israel recosta a cabeça no banco de trás. Não sente nada. Apenas o mais absoluto vazio de sua vida. O pai e a mãe conversam algo sobre velório. Ele não ouve. Está encerrado dentro de uma bolha. Amortecido. Longe do mundo. Anestesiado. Um lapso dentro do nada. Sem familiaridade com o entorno. O ronco do carro vem abafado por nuvens pesadas. Israel sucumbe a algo sem nome. Está embrutecido, sem forças para abrandar o colapso.

Quando chegam em casa, ele tem a ideia formada na cabeça:
— Pai, me empresta o carro?
— Pra quê?
— Preciso dar umas voltas para espairecer...
A mãe intervém:
— Mas filho, sair numa hora dessas..., já passa de meia-noite..., e neste estado. Você precisa descansar, dormir um pouco.
— Não, mãe. Eu estou bem. Não se preocupe. Só preciso vagar um pouco por aí. Colocar a cabeça em ordem. Me aliviar.